lonely planet food



# VEGAN UNTERWEGS

Das Handbuch
für nachhaltiges Reisen

BRUCKMANN

# INHALT

## TROPISCHES



## ROADTRIPS



Gegenüber: Im Beetroot Sauvage in Edinburgh können Veganer in einer ganzen Käseplatte auf Cashew-Basis schwelgen. Unten: Schwarzer Reis und gebratenes Gemüse. Darunter: Vegane Verpflegung in The Yoga Barn auf Bali.

# Warum vegan reisen?

***Als Veganer ist man hierzulande in Restaurants oft noch an eine begrenzte Auswahl gewöhnt, aber auf Reisen sehen die Dinge ganz anders aus. Die Welt ist eine kulinarische (pflanzenbasierte!) Schatzkammer.***

Man stelle sich folgendes Szenario vor: Man ist zu einer Dinner-Party bei Bekannten eingeladen und weiß nicht, was es zu essen geben wird. Nun hat man verschiedene Möglichkeiten: den Gastgeber kontaktieren und ihm die persönlichen Ernährungsgewohnheiten mitteilen, vorher seinen Hunger stillen oder veganes Essen für mehrere Personen mitbringen. Sich als Veganer in einer Welt von Allesessern durchzulavieren, ist eine Kunst, die viele täglich praktizieren. Vielleicht ist der Eine oder Andere auch in der pflanzenbasierten Ernährung auf Reisen lange schon geübt, oder aber er macht gerade die ersten Erfahrungen in Sachen Veganismus. So oder so – freuen wir uns darauf, in wunderbar fremdartige Kulturen an Orten einzutauchen, an die wir unsere Ernährungsgewohnheiten einfach mitnehmen. Gehen wir kreativ mit Sprachbarrieren um und gewinnen wir neue Perspektiven. Ein neues Land ist eine Dinner-Party bei einem Freund, den man bis jetzt noch nicht getroffen hat.

Betrachten wir dieses Buch als Leitfaden, um auch unterwegs vegan zu leben, wie wir es zu Hause bereits tun. Spüren wir versteckte tierische Zutaten auf und kreieren wir Mahlzeiten aus dem, was andere als essbare Deko an den Tellerrand schieben. Unsere Ernährungsweise muss keineswegs unsere Reiseziele einschränken. Vegan leben kann man überall und die tierleidfreie Ernährungsform wird weltweit immer beliebter – mehr als ein bisschen Planung und etwas Flexibilität braucht es für das vegane Reisen also nicht.

Ob Adrenalinjunkie, Geschichtsfan, Sonnenanbeter oder Kulturliebhaber: Tofu, Nüsse und Tempeh machen es auf Reisen einfach, sich pflanzlich zu ernähren – oder zumindest einmal eine Auszeit von tierischen Produkten zu nehmen. Es gilt zunächt, ein Reiseziel auszuwählen, das einen interessiert – anschließend kümmert man sich darum, was man dort essen könnte. Sogar ausgemachte Feinschmecker, deren Hobby das Schlemmen ist, können aus einer großen Anzahl von Zielen auswählen und werden von den regionalen veganen Angeboten überrascht sein.

Gegenüber: Smoothies und ein bunter Salat aus zahlreichen Gemüsen zu Burritos im Peloton Supershop auf Bali. Oben: Bunt gedeckte Tische im Rosendals Trädgård in Stockholm.

Rechts: Frische Kräuter gedeihen im hellen und luftigen Bana in Tel Aviv. Gegenüber: Kreative vegane Gerichte wie Tacos mit würziger »Chorizo«, eingelegter Gurke, Avocado und saurer Cashew-Sahne gibt es im Vibe in Kambodscha.

# Vegan in aller Munde

***Veganismus liegt heute zwar im Trend, neu ist dieser Lebensstil aber keineswegs. Man denke nur etwa an Pythagoras, Siddhartha Gautama oder Gandhi.***

Es ist unendlich viel leichter, Heidelbeeren zu pflücken, als Wildschweine zu erlegen – einer der Gründe dafür, warum Gemüse, Früchte, Nüsse und Samenkerne schon immer auf dem menschlichen Speiseplan standen. Als der Mensch dann begann, Getreide anzubauen und Vieh zu halten, verringerte sich der Anteil, den wild geerntete Pflanzen auf den Tellern einnahmen. Über die Jahrhunderte hinweg entwickelten einige Kulturen zuletzt einen ungeheuren Appetit auf Steaks, andere blieben bei einer pflanzenbasierten Ernährung.

Als sich um 2000 vor Christus im Indus-Tal der Hinduismus entwickelte, gehörte zu seinen Prinzipien das Praktizieren von »Ahimsa« – Gewaltlosigkeit gegenüber allen Lebewesen, also auch Tieren. Es gab in dieser Religion kein ausdrückliches Verbot bestimmter Lebensmittel, aber viele Hindus ernährten sich laktovegetarisch und aßen Milchprodukte, nicht aber Fleisch, Fisch und Eier. Bis heute hat Indien den größten Bevölkerungsanteil an Menschen, die kein Fleisch essen – etwa 25 Prozent der Einwohner sind Vegetarier. Die meisten Restaurants in Indien haben unterschiedliche Gerichte für Vegetarier und Nicht-Vegetarier – sogar McDonald's bietet einen fleischfreien Burger an, den Veg Maharaja Mac.

Auch im Buddhismus wird »Ahimsa« angestrebt. Mönche, und teils auch Gläubige, halten sich an eine streng vegetarische Ernährung, die meisten Buddhisten essen allerdings vor allem bei besonderen Gelegenheiten wie religiösen Festen vegetarisch. Einige buddhistische Gemeinschaften – darunter die des 1300 Jahre alten Tempelkomplexes Koyasan auf einer Bergspitze südlich von Osaka in Japan – öffnen ihre Tore für Pilger und Besucher, die den klösterlichen Lebensstil kennenlernen möchten. Das Essen in Koyasan entspricht

den Regeln von »Shôjin ryôri«, einer traditionellen japanisch-buddhistischen Tempelküche. Eine typische Mahlzeit besteht aus »Ichi-ju-Sansai«: Suppe, drei Beilagen, eingelegtes Gemüse und Reis. Eine Shôjin-ryôri-Delikatesse ist *Goma dofu* mit Wasabi und Sojasauce; die beigen Würfel bestehen nicht aus Sojatofu, sondern aus einer Mischung aus Sesampaste und Kudzu-Wurzel.

Und auch in anderen Teilen der Welt setzt die Ernährung diverser (auch jüngerer) Gemeinschaften auf pflanzliche Kost. Die Rastafari-Kultur etwa, die sich in den 1930er-Jahren auf Jamaika entwickelte, befürwortet aus gesundheitlichen und religiösen Gründen eine möglichst wenig verarbeitete, vegetarische und oft rein pflanzenbasierte Kost ohne Zusatzstoffe und Chemikalien, die »Ital« genannt wird. »Ital is vital«, sagen die Rastafari, und genießen One-Pot-Gerichte mit Kokosmilch und scharfen Scotch-Bonnet-Chilis, um ihre Verbindung zur Natur zu stärken.

Auf der anderen Seite des Atlantiks wurde 1944 in Großbritannien The Vegan Society gegründet, die älteste vegane Organisation der Welt. Von ihr stammt der heute überall gültige Begriff für eine gänzlich tierproduktfreie Ernährung (andere vorgeschlagene Namen waren etwa Benevore, Allvega und Vitan). Und während der vegane Lebensstil sich ausbreitete, halfen Tierrechtsorganisationen wie PETA der Gemeinschaft, ihren Protest auf andere Plattformen auszudehnen. PETA, 1980 in den USA gegründet, empfiehlt vegane Ernährung und informiert über tierleidfrei hergestellte Produkte.

In den letzten Jahren ist die Anzahl derjenigen deutlich gestiegen, die aus den unterschiedlichsten Beweggründen zu Veganern wurden. An vielen Reisezielen gibt es daher inzwischen auch pflanzenbasierte und tierleidfreie Gerichte.

# PLANUNG

# Preiswert reisen als Veganer

## ESSEN UND TRINKEN UNTERWEGS

*Langjährige Veganer haben Erfahrung darin, Möglichkeiten abzuwägen und das für sie Richtige auszuwählen. Und wer erst seit Kurzem vegan lebt, wird bald aufholen. Wenn man als Veganer sein Reisebudget im Auge behält, kann man durchaus preiswert essen.*

Wenn man »vegane Restaurants in X, Y, Z« googelt, findet man wahrscheinlich einige Einträge von veganen Bloggern oder auf Reisewebseiten, die einem das Wasser im Munde zusammenlaufen lassen, und leicht erliegt man der Versuchung, sich in Äthiopien eine vegane *Injera*-Platte oder in Spanien eine fleisch- und meeresfrüchtefreie Paella zu gönnen. Ja, solche Delikatessen sind zu Hause nicht so einfach zu bekommen, aber die Reisekasse kann schnell schrumpfen, wenn man überall einkehrt, wo es Bubble Tea, vegane Piroggen oder Pho gibt. Vielleicht ist das Geld besser in einem veganen Kochkurs angelegt, bei dem man regionale Gerichte kochen lernt (und ein paar einfache Mahlzeiten für den Rest der Reise).

Andererseits kann es deprimieren, immer nur Nudeln und Salat zu essen, wenn es vor Ort leckere vegane Optionen gibt. Es lohnt sich, Prioritäten zu setzen, wie man die Essenskasse einsetzen möchte, und es gilt, die übrigen Reisekosten sowie das Gesamtbudget im Blick zu behalten – ist ein bestimmtes Gericht die jeweilige Ausgabe wert? Und wenn bei der Unterkunft etwa kein Frühstück inklusive ist, kann mann selbst Overnight Oats zubereiten, um dann für Lunch und Abendessen mehr auszugeben.

Vorhergehende Doppelseite: Eine Urlauberin relaxt im Pool des idyllischen Jakes Hotel auf Jamaika. Links: Salat, vegane Burger und Mais-Chips werden in The Yoga Barn auf Bali serviert. Rechts: Teilnehmer einer veganen Stadtführung durch Tel Aviv können vegane Köstlichkeiten probieren.

## DIE REISEKASSE CLEVER PLANEN

Gurken sind billiger als Kaviar, richtig? So gesehen sollte veganes Reisen vergleichsweise preiswert sein. Leider stimmt das nicht immer. Manchmal lebt man preiswert als Veganer, manchmal aber auch nicht. Und das trifft auch aufs Reisen zu. Überteuerte Snacks am Flughafen, Unterkunft und Essen in Restaurants – die kostspieligen Posten sind die gleichen wie für andere Reisende auch.

Vielleicht sind die Mahlzeiten etwas billiger (da Salate und Getreide meist weniger kosten als Fleisch, Fisch, Meeresfrüchte und Milchprodukte), aber die Art der Ernährung führt dazu, dass es manchmal angebracht ist, an anderer Stelle mehr auszugeben – wie etwa für ein Hotelzimmer mit Mini-Bar (Kühlschrank!) anstatt für ein preiswertes Guesthouse. Es gilt also, vorab zu entscheiden, welche Mehrausgabe einem wichtig ist und wo man lieber ein bisschen sparen möchte.

## DIE PASSENDE UNTERKUNFT FINDEN

Bei der Wahl seiner Unterkunft sollte man als Veganer darauf achten, dass im Zimmer ein kleiner Kühlschrank steht oder dass es einen großen für alle Gäste gibt. Die Unterkunft ist dann vielleicht etwas teurer, aber man kann Reste und ein paar Grundzutaten frisch halten und sich einfache Gerichte selbst zubereiten. Ideal wäre es, eine Küche mitbenutzen zu können.

## SELBST-VERSORGUNG

Sich selbst ein paar einfache Mahlzeiten zusammenstellen zu können, ist für vegane Reisende wichtig, da sie sonst manchmal hungrig bleiben werden. Gut beraten ist man damit, ein paar Basics mitzunehmen, außerdem haltbare Snacks (wie Nüsse und Trockenobst). Ein Allzweckmesser, Lunchboxen, Campingbesteck und ein paar Pfeffer- und Salztütchen aus der Imbissbude reichen aus. Overnight Oats, Salat, Nussbutter-Sandwiches und Obst kann man überall leicht zubereiten.

## OFT ÜBERSEHENE KOSTEN

In manchen Restaurants gibt es kaum vegane Hauptmahlzeiten, und sich immer aus Beilagen und Vorspeisen etwas zusammenzustellen, ist meist teurer. Der Magen bemerkt den Unterschied vielleicht nicht, sehr wohl aber das Portemonnaie!

Anstatt das Handy also während der Reise auf Flugmodus zu stellen, sollte man besser ein Daten-Package erwerben, um auch unterwegs vegane Restaurants in der Nähe suchen zu können.

# Fünf Spartipps für vegane Reisende

## 1 VEGANES FLUGZEUGMENÜ BUCHEN

Wer das vergisst, muss hungern oder am Flughafen teure Snacks kaufen, anstatt das zu essen, wofür er mit seinem Flugticket ohnehin bezahlt hat (falls bei der Airline eine Mahlzeit eingeschlossen ist). Bei den meisten Airlines kann man noch ein paar Tage vor Flugantritt ein veganes Menü bestellen.

## 2 SAISONAL REISEN UND ESSEN

In der Hochsaison liegen die Preise aufgrund der Ferienzeiten und Wetterverhältnisse besonders hoch. Veganer könnten stattdessen zu anderen Zeiten reisen und die beste Saison für frische Produkte im Reiseland wählen. Stimmt diese nicht mit dem jeweiligen Touristenhoch überein, kann man einiges sparen.

## 3 GRATIS-APPS DOWNLOADEN

Es gibt einige Gratis-Apps, die einem beim veganen Reisen gute Dienste leisten können, so etwa *V-Cards: Vegan Abroad (www.vegan.cards),* eine App, die besondere Essenswünsche in die Sprache des Landes übersetzt, oder die App *vanilla bean (www.vanilla-bean.com)*, mit der man veganerfreundliche Restaurants in der Umgebung findet.

## 4 SICH SELBST VERPFLEGEN

Man kann im Restaurant einen langweiligen Eisbergsalat essen (falls das die einzige vegane Option ist) oder sich selbst eine leckere Mahlzeit zusammenstellen. Ein paar Grundzutaten – knackiges Gemüse vom Markt, veganer Aufstrich und frisches Brot – machen satt und schmecken.

## 5 SICH VORAB INFORMIEREN

Es lohnt sich, vor der Reise zu recherchieren, wo es vor Ort vegane Restaurants und Essensmöglichkeiten gibt, dann hat man am Reiseziel unterschiedliche Optionen, was die Art der Gerichte und die Preise angeht.

VON LINKS: © ANNAPURNA MELLOR/LONELY PLANET; © ADRIENNE PITTS/LONELY PLANET

# Wann wohin?

*Beim Aussuchen von Reisezeiten wägt man am besten Gut-Wetter-Wahrscheinlichkeit und Festivaldaten gegen saisonale Erntezeiten ab. Der folgende Überblick kann dabei helfen, bei der Planung jahreszeitliche Aspekte zu berücksichtigen.*

## JANUAR BIS MÄRZ

• Argentiniens Andengipfel erklimmt man am besten in den Sommermonaten des Landes zwischen Dezember und Februar (Seite 49).

• Wann auch immer man Vietnam (unten) besucht, irgendwo wird es regnen. Für die nördlichen Berge (Seite 61) ist Anfang Frühling die beste Zeit.

• In Indien kann es während des Sommermonsuns unerträglich schwül sein. Daher sollte man den Trip besser für den Winter planen, dann trägt auch der Breiapfelbaum Früchte (Seite 93).

• Im östlichen Australien herrscht von Januar bis März Strandwetter, daher drängeln sich dann dort die Sonnenanbeter (Seite 153).

## APRIL BIS JUNI

• In Japan (unten) kann man im April die Fülle der Frühlingsernte genießen. Es gibt Eingelegte Pflaumen, *Kirschblüten-Mochi* (süße Reisbällchen) und Reis mit frischen Bambussprossen (Seite 73).

• Um Osteuropa zu Beginn des Frühlings zu besuchen, benötigt man wahrscheinlich noch warme Kleidung, aber in der vorösterlichen Fastenzeit findet man in orthodoxen Gegenden viele Essensangebote ohne Fleisch, Milchprodukte und Eier (Seite 89).

• Der milde südafrikanische Herbst im April/Mai fällt zusammen mit dem Festival AfrikaBurn – eine Version des US-amerikanischen Burning-Man-Festivals (Seite 123).

## JULI BIS SEPTEMBER

• Der Sommer ist die beste Zeit, um in den nordischen Ländern ohne Eiseskälte Wacholderbeeren, Schwarze Johannisbeeren und Preiselbeeren zu pflücken (Seite 77).

• Das brasilianische Pantanal – eines der größten Binnenland-Feuchtgebiete der Erde – besucht man am besten in der Trockensaison (Juli bis September). Auch für die Vogelbeobachtung ist diese Zeit ideal (Seite 109).

• Die Kirschblüte und das Vegan Vibes Festival locken im September nach Neuseeland (Seite 119).

• Auf Bali (unten) genießt man im September das letzte Surfwetter während der Trockensaison, nachdem die meisten Touristen schon wieder weg sind (Seite 67).

## OKTOBER BIS DEZEMBER

• Die Zwischensaison in Taiwan (gegenüber) ist optimal zum Wandern und gegen Ende des Jahres nicht mehr so touristisch geprägt (Seite 57).

• Im November und Dezember ist es auf Jamaika (unten) mild, und Okraschoten, grünes Blattgemüse (verwendet im Eintopfgericht *Callaloo*) und Chocho-Früchte haben noch Saison (Seite 137).

• Israel punktet selbst im Herbst noch mit Strandwetter, aber die Preise sind niedriger und die Märkte voller Kakis und Pomelos (Seite 97).

• In den 40 Tagen vor Weihnachten (in Äthiopien am 7. Januar) essen Mitglieder der äthiopischen orthodoxen Kirche fleischlos (Seite 53).

# Clever Packen

*Von außen sieht das Gepäck eines Veganers vermutlich aus wie bei den meisten Mitreisenden. Innen sollten jedoch ein paar wichtige Dinge stecken, die einen Unterschied machen.*

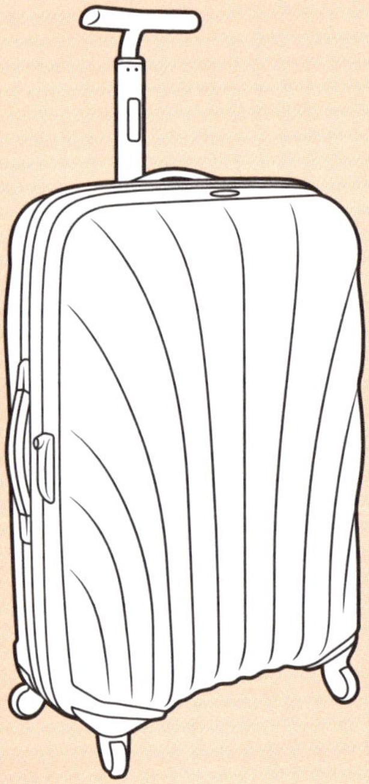

## 1 ESSENSBEHÄLTER UND CO.

Um unterwegs vegane Snacks, Restaurant-Reste und tropische Früchte zu transportieren, empfiehlt es sich, ein paar verschließbare Gefrierbeutel, Verschlussclips und ein oder zwei Lunchboxen einzupacken, in denen man vegane Köstlichkeiten von einer Mahlzeit zur nächsten aufbewahren kann. Was an einem Ort reichlich vorhanden ist, gibt es am anderen vielleicht nicht – wenn man Kochbananen-Chips und geröstete Kichererbsen bekommt, kann man sie für den nächsten Tag mitnehmen, für den Fall, dass man an einem Ort landet, wo es lediglich ein Steakhouse gibt.

## 2 VEGANE BROTAUFSTRICHE MITNEHMEN

Auch bei sorgfältigster Recherche vorab wird man gelegentlich unterwegs durch weniger veganfreundliche Gegenden kommen. Aber keine Sorge! Brot gibt es fast überall, und wenn man eine kleine Lunchbox mit seinem proteinreichen Lieblingsbrotaufstrich einpackt (Erdnussbutter, Mandelmus oder Tahin), ist man gut gerüstet für Momente, in denen sich kein veganes Lokal aufspüren lässt. Mit einem »Sandwich in spe« in der Tasche lässt sich die Reise viel entspannter genießen.

## 3 ALLZWECKMESSER

Eine frische Ananas zu haben, aber kein Messer, um sie aufzuschneiden, kann einem die Laune verderben, daher gilt es, vorzusorgen – vor allem, wenn man in Gegenden fährt, in denen frisches Obst ein kulinarisches Highlight ist. Es lohnt sich, ein kleines Taschenmesser einzupacken (bei Flugreisen im Koffer und nicht im Handgepäck verstauen!). Auch Gabel und Löffel sollte man mitnehmen.

## 4 MEDIZIN FÜR DEN MAGEN

Frische Säfte und aufgeschnittene tropische Früchte von Straßenverkäufern sind praktisch und köstlich. Leider zahlt man dafür manchmal mit einer Magenverstimmung. Daher sollte man beim Kauf von rohem Streetfood vorsichtig sein und prophylaktisch ein paar Magentabletten mitnehmen.

## 5 PFLANZENMILCH »TO GO«

Unterwegs eine Woche seinen Kaffee schwarz zu trinken, weil es vor Ort keine pflanzlichen Alternativen zur Kuhmilch gibt, kann für manche fast schon eine Tortur sein. Wer für einen guten Start in den Tag seinen veganen Caffè Latte braucht, sollte ein paar kleine Portionen haltbare pflanzenbasierte Milch mitnehmen. Man kann nie wissen, ob die Coffee Shops auch Mandelmilch und dergleichen anbieten.

Es lohnt sich, auf Reisen einige essenzielle Produkte dabeizuhaben, sei es ein Glas Nussbutter, um damit Sandwiches zu bestreichen (oben links), ein Tütchen mit Nussmilch, um in Madrid vegan seinen Kaffee zu verfeinern (links), oder Magentabletten, um in Goa ohne Angst vor Verdauungsproblemen frisch gepresste Säfte trinken zu können (oben).

# Vegane Communitys vor Ort

*Ein knurrender Magen ist ein schlechter Soundtrack für Abenteuer. Kulinarik ist vermutlich nicht die Hauptsache einer Reise, aber um als Veganer gut gesättigt die Tour genießen zu können, ist es empfehlenswert, Tipps von Einheimischen einzuholen.*

## VORAB

Es empfiehlt sich, schon vor der Abreise dafür zu sorgen, dass vor Ort gastronomisch alles klappt, indem man online mit lokalen Communities Kontakt aufnimmt. Vegane, am jeweiligen Reiseziel ansässige Blogger können einem in Sachen pflanzenbasierte Ernährung wertvolle Tipps geben. Wenn sich keine Blogs aufspüren lassen, kann man nach vegetarischen oder veganen Vereinen suchen und eventuell findet man sogar vegane Veranstaltungen oder Festivals zum Zeitpunkt der Reise.

In vielen Gegenden und Städten – ob in Berlin, auf Hawaii oder in Südafrika – gibt es vegane Facebook-Gruppen. Wenn man die Gegend oder die Stadt, die man besuchen möchte, plus den Zusatz »vegan« in die Suchleiste seines Browsers eingibt, lassen sich zahlreiche Entdeckungen machen. »Vegan Travel« etwa ist eine Facebook-Gruppe mit mehr als 30 000 Abonnenten, die auch im Ausland gerne gut essen möchten; dort findet man Gleichgesinnte, die am jeweiligen Reiseziel leben (oder vor Kurzem dorthin gereist sind). Auch über Couchsurfing *(www.couchsurfing.com)* und Meetup *(www.meetup.com)* kann man mit Veganern vor Ort in Kontakt treten. Man kann vegane Couchsurfing-Gastgeber um Rat fragen (auch wenn man nachher nicht auf deren Sofa nächtigt) oder nach veganen Meetup-Veranstaltungen während der Reisezeit suchen. Und wer alleine reist, kann bei VegTravelBuddies *(www.vegtravelbuddies.com)* andere Veganer finden, um vor Ort den Tisch mit ihnen zu teilen.

Überall auf der Welt gibt es vegane Hotspots, von Streetfood aus Food Trucks an der Ostküste der USA (links) über Berlins Veganes Sommerfest (unten links) bis hin zu kulinarischen Touren im Iran (unten rechts).

## VOR ORT

Eigentlich fragt man einen Kellner eher nicht, wo man am besten als Nächstes essen gehen sollte – aber als veganer Reisender sollte man da keine Skrupel haben! Meist reicht es, sich im Voraus lediglich ein empfohlenes veganes Restaurant für den ersten Tag zu suchen, um mit einer Reihe guter Empfehlungen für die kommenden Tage versorgt zu werden. Die Restaurantmitarbeiter sind oft selbst Veganer oder kennen sich zumindest in der veganen Szene vor Ort aus. Als Veganer kann man sich ohne Weiteres trauen, im Restaurant nach der Konkurrenz zu fragen – die Kellner oder die Gäste am Nebentisch verraten einem gerne, wo sie sonst noch veganfreundlich essen gehen.

# Mit Nicht-Veganern reisen

*Der eine Reisepartner isst zum Lunch gerne Grünkohl-Quinoa-Pfanne, der andere möchte täglich seine Portion Reisfleisch? So bekommt man beide an einen Tisch.*

## SPEZIELLE KULINARISCHE HIGHLIGHTS

Als Veganer möchte man am Reiseort womöglich ein veganes Koch-Event auf einem Bio-Bauernhof buchen, der Reisepartner allerdings lechzt nach einem All-you-can-eat-Dinner in einem Steakhouse? Um den Urlaub mit ein paar schönen kulinarischen Erlebnissen zu krönen, ist es von Vorteil, sich vorab verschiedene Highlights auszumalen und durch Reservierung dafür Sorge zu tragen, dass alle Reisepartner in der Location ihrer Wahl dann tatsächlich auch einen Platz bekommen … auf diese Weise sind alle satt und zufrieden.

## DOPPELTE SNACK-POWER

Um sich ab und zu selbst zu versorgen, empfiehlt es sich, ein paar Snacks für die unterschiedlichen Geschmäcker mitzunehmen – also etwa Mandelmus für sich selbst und eine Dose Thunfisch für den Reisepartner, um damit Sandwiches zuzubereiten.

## KREATIV GESTALTETE MAHLZEITEN

Wenn man sich vorab über die traditionelle Küche des jeweiligen Reisezieles informiert, weiß man über die Speisekarten in lokalen Restaurants Bescheid (anstatt immer nur in veganen Restaurants zu essen). Vielleicht sind die Hauptgerichte nicht unbedingt vegan, aber aus traditionellen veganen Beilagen, Suppen und Vorspeisen lässt sich womöglich ein tolles veganes Menü zusammenstellen.

## VEGANE VARIANTEN REGIONALER SPEZIALITÄTEN

Vielleicht möchte der Partner nicht ständig in veganen Lokalen essen, weil er die einheimische Küche kennenlernen will. Es empfiehlt sich, nach Restaurants zu suchen, die vegane Varianten traditioneller Gerichte anbieten. Der nicht-vegane Gefährte könnte beim Vom-Teller-Naschen feststellen, dass das pflanzenbasierte Gericht sogar leckerer ist!

## ABWECHSLUNG

Vegane und nicht-vegane Reisegefährten sollten akzeptieren, dass die Essgewohnheiten sich teilweise unterscheiden, und abwechselnd bestimmen, wo eingekehrt wird. Ideal ist es, wenn auch der andere dort wenigstens eine Sache findet, die ihm schmeckt. Und falls der »Carnivore« seinen veganen Reisepartner zu einem sehr fleischlastigen Ort geführt hat, kann der sich mit einem veganen Dessert trösten!

Gegenüber: Man muss kein Veganer sein, um die Rote-Bete-Ravioli im Vegan Restoran V in Tallinn oder die Atmosphäre im Bread and Chocolate Vegan Bistro auf den Kaimaninseln zu genießen.
Links: Das Saucha Conscious Cafe – auch auf den Kaimaninseln – serviert knuspriges Brot und leckere vegane Aufstriche.

# »Veggie-Talk«

***Als Veganer sollte man mehr in der Landessprache sagen können als »bitte«, »danke« und »Wo sind die Toiletten?«. Es lohnt sich, beschreiben zu können, was man essen möchte und was nicht.***

Es ist für alle Reisenden von Vorteil, vor der Fahrt in ein Land mit fremder Sprache ein paar elementare Sätze zu erlernen. Besonders wichtig ist dies jedoch für Veganer; sie sollten auf jeden Fall einige spezielle Begriffe kennen.

Google Translate ist eine gebührenfreie Möglichkeit, sich ein paar wichtige Wörter in der Landessprache einzuprägen, und zum Üben der Aussprache gibt es hier praktischerweise einen Audio-Button. Unterwegs versucht man es am besten zuerst mit Reden, aber wenn man nicht weiterkommt, kann man auf seinem Handy einen erklärenden Text in die Landessprache übersetzen lassen und diesen vorzeigen.

Ein paar nützliche, auch in Printform erhältliche Apps – zum Beispiel *V Cards: Vegan Abroad* und *Vegan Passport*, herausgegeben von The Vegan Society – erklären in zahlreichen Sprachen, dass man Veganer ist, und enthalten eine detaillierte Liste der Lebensmittel, die man isst und nicht isst, sogar die meist nur klein gedruckten Zutaten wie Kasein und Gelatine sind vertreten. Man zieht die entsprechende Karte heraus (mit einem Bild) und zeigt sie dem Kellner oder demjenigen, bei dem man sein Essen gerade kauft.

Wenn man freundlich und kooperativ erklärt, was man aus seinem Speiseplan gestrichen hat, hat man gute Chancen, dass die Küche einem eine einfache vegane Mahlzeit zusammenstellt. Wenn man Bedenken hat, ob die Botschaft ernst genug genommen wurde, kann man sagen, dass man eine Lebensmittelallergie hat (man sollte also darauf vorbereitet sein, auch dies in der Landessprache formulieren zu können).

**Worte werden den veganen Köstlichkeiten nicht gerecht, die im Saucha Conscious Cafe auf den Kaimaninseln (unten) und im Jakes Hotel auf Jamaika (gegenüber) serviert werden.**

## VEGANES VOKABULAR FÜR UNTERWEGS

Kein Grund, am Vokabeln-Pauken zu verzweifeln! Universell hilfreiche Sätze sind »Ich bin Veganer« und »Ich esse weder Fleisch noch Geflügel, Fisch, Meeresfrüchte, Eier, Milchprodukte oder Honig«. Darüber hinaus lohnt es sich, die Wörter für tierische Zutaten zu lernen (Seite 24–25), die sich oft in Gerichten verstecken. Außerdem kulturspezifische Begriffe, mit denen man in etwa das eigene Essverhalten beschreiben kann. »Vegan« ist kein überall verständliches Konzept und lässt sich nicht immer übersetzen, viele Kulturen beschreiben eine Ernährung ohne Fleisch und Milchprodukte auf andere Art.

**Nicht jedes vegan klingende Gericht ist es auch. Daher sollte man bei der Bestellung sicherstellen, dass keine unerwünschten Zutaten oder Dekorationen enthalten sind:**

### JAPAN

*Īe katsuobushi:* Japanisch für »keine getrockneten Bonito-Flocken«, also zerkleinerter getrockneter und geräucherter Fisch, der oft zur Geschmacksverstärkung in Dashi-Brühe verwendet wird.

### VIETNAM

*Không nuóc mǎm:* Vietnamesisch für »keine Fischsauce«, die hier vielen Gerichten zugesetzt wird, auch wenn diese sonst keine tierischen Zutaten enthalten.

### SPANIEN

*Sin jamón:* Spanisch für »ohne Schinken«, mit dem Suppen und Salate oft serviert werden.

### FRANKREICH

*Contient-il du beurre?* Französisch für »Ist da Butter drin?«. Ob im Croissant, in Saucen oder in herzhaften Eintöpfen – Butter ist eine der Lieblingszutaten der französischen Küche.

### INDIEN

*Nahin ghee:* Hindi für »kein Ghee«, ein geklärtes Butterfett, das für viele indische, ansonsten rein pflanzliche, Gerichte verwendet wird.

**Hier einige Wörter, mit denen man die Ernährungsform, die der veganen im jeweiligen Land am nächsten kommt, beschreiben kann.**

**JAMAIKA**

*Ital:* Der jamaikanische Rastafari-Begriff bezeichnet meist pflanzliches, nicht industriell verarbeitetes Essen.

**ÄTHIOPIEN**

*Yetsom beyaynetu:* Bezeichnet im Amharischen einen aus vielen verschiedenen Gemüsen zusammengestellten Fasten-Teller, der im ganzen Land fast immer erhältlich ist.

**RUSSLAND**

*Postnoje menju:* Die fleischfreien Fastenmenüs, die viele Restaurants vor dem russisch-orthodoxen Osterfest anbieten (manchmal allerdings mit Fisch oder Meeresfrüchten).

**ISRAEL**

*Parve:* Beschreibt auf Hebräisch koscheres Essen ohne Fleisch oder Milchprodukte (oft aber mit Fisch oder Eiern).

**CHINA**

*Wo chī quán sù:* Erklärt auf Chinesisch, dass man auf buddhistische Art vegan isst (eventuell werden dann auch Zwiebeln und Knoblauch weggelassen, unter Umständen also erläutern).

# Veganes Reisequiz

*Noch unsicher, wo es hingehen soll? Mit diesem veganen Reisequiz findet sich für jeden die richtige Art von Reise.*

**1. Was packst du als Erstes in deinen Koffer?**

a) Wanderstiefel
b) drei Romane
c) dein neues Cocktailkleid
d) Sonnencreme

**2. Was buchst du nach dem Bahn- oder Flugticket als Nächstes?**

a) eine Fahrt im Heißluftballon
b) eine Hot-Stone-Massage im Luxus-Spa
c) Tickets für ein preisgekröntes Musical
d) einen Kochkurs am Strand

**3. Im Flugzeug scrollst du durch das Filmangebot. Was wählst du aus?**

a) 127 Stunden
b) Eat Pray Love
c) The Da Vinci Code – Sakrileg
d) The Beach

**4. Was wäre für dich die perfekte Unterkunft?**

a) ein Baumhaus
b) ein Hotel mit edlen Laken
c) ein historisch interessantes Gebäude
d) ein Hotel direkt am Strand

**5. Was möchtest du von deiner Reise mitbringen?**

a) nicht zu viele blaue Flecken
b) absolute Entspanntheit
c) ein paar Museumspostkarten
d) extreme Sonnenbräune

**6. Was hast du auf Reisen auf jeden Fall dabei?**

a) einen Scuba-Tauchschein
b) eine Schlafmaske
c) eine internationale Museumskarte
d) einen handlichen Flaschenöffner

**7. Was isst du abends meistens?**

a) etwas von den Sachen im Kühlschrank
b) eine gesunde Suppe, die lange vor sich hinköchelt
c) ein Risotto nach einem neuen Rezept
d) etwas zum Mitnehmen aus einem karibischen Restaurant

**8. Dein Chef gibt dir überraschend den Nachmittag über frei. Was machst du?**

a) sofort losgehen zum Wandern
b) fernsehen
c) eine Kunstausstellung besuchen
d) mich mit Cocktail-Zutaten versorgen

**9. Die perfekte Art, einen Sonnenuntergang zu genießen, ist:**

a) beim Lagerfeuer auf einer Bergspitze
b) in einer Löwenfuß-Badewanne unter einem Dachfenster
c) vom Dach eines Tempels aus
d) am Strand mit einem Cocktail

**ZU DEN LÖSUNGEN GEHT ES DA LANG!**

**10. Wie bringst du dich am liebsten ins Schwitzen?**

a) mit Bergsteigen
b) in der Sauna
c) auf dem Laufband, während ich eine gute Doku anschaue
d) beim Schwimmen

**11. Du hast Geburtstag. Über welches Geschenk würdest du dich am meisten freuen?**

a) eine wasserdichte Videokamera
b) einen Yogalehrer-Kurs
c) Konzertkarten
d) ein schnell trocknendes Hamam-Badetuch

**12. Wessen E-Mail-Newsletter würdest du am ehesten öffnen?**

a) den deiner Mountainbike-Gruppe
b) den des philharmonischen Orchesters deines Wohnorts
c) den der örtlichen historischen Gesellschaft
d) den deines Lieblings-Surfshops

**13. Du überlegst, deiner Leseliste eine Biografie hinzuzufügen. Welche kommt in Frage?**

a) Reinhold Messner
b) Dalai Lama
c) Jamie Oliver
d) Bob Marley

**14. Was wäre für dich ein Alptraum-Urlaub?**

a) nur im Hotel zu hocken
b) dauernd nur unterwegs zu sein
c) an einem Ort zu sein, wo nichts los ist
d) wenn es am Urlaubsort genau das Gleiche zu sehen gibt wie daheim

**15. Welches sind die wichtigsten Utensilien in deinem Zuhause?**

a) 50 Prozent sind Campingausstattung
b) bequeme Kleidung, Yogamatte und Zeitschriften, die ich irgendwann lesen werde
c) schicke Outfits zum Ausgehen
d) meine Bikini-Sammlung

**16. Welche Socken würde man am ehesten in deiner Kommode finden?**

a) wollene Wandersocken
b) japanische Tabi-Zehensocken
c) Socken mit Frida-Kahlo-Motiv
d) Paare, die nicht zusammenpassen; am liebsten würde ich immer Sandalen tragen

**17. Für was würdest du gerne Geld ausgeben?**

a) vegane Proteinriegel, perfekt für Campingtrips
b) ein Bio-Zucker-Peeling
c) für diesen Pinot Grigio aus dem italienischen Weingut, auf dem ich war
d) frische Kokosnüsse

**18. Freunde von außerhalb kommen dich besuchen. Was unternimmst du mit ihnen?**

a) Abseil-Workshop im Kletterzentrum
b) Biergartenbesuch mit Livemusik
c) von einem Street Artist geführte Graffiti-Tour
d) Besuch im Aquarium

# Auswertung

## ÜBERWIEGEND A
## Umweltbewusster Abenteurer

Schon durch deine Art zu essen bist du naturverbunden, und auf Reisen strebst du das Gleiche an. Am liebsten möchtest du Berge erklimmen, großartige Landschaften sehen und unter dem Sternenzelt schlafen. (Und wenn du dabei ein paar Schrammen und Schnitte abbekommst, macht das nichts.) Vielleicht arbeitest du im Alltag im Büro, aber im Urlaub willst du dich bewegen und die Muskeln spielen lassen. Ziele wie Äthiopien (Seite 53) oder Vietnam (Seite 61) sind das Richtige für deine Abenteuerlust.

## ÜBERWIEGEND B
## Entspannter Genießer

In deinem Alltag geht es hektisch genug zu; auf Reisen willst du einfach nur chillen. Vielleicht möchtest du nicht unbedingt eine ganze Woche nur in der Hängematte liegen, aber du willst alles langsam angehen und dich verwöhnen lassen. Vielleicht siehst du alle Sehenswürdigkeiten, aber wenn nicht, ist das auch okay für dich. Auf jeden Fall schläfst du lange, machst ein paar gemütliche Wanderungen und gönnst dir eine Massage. Ganz entspannt die Seele baumeln lassen kann man in den nordischen Ländern (Seite 77) oder auf Bali (Seite 67).

## ÜBERWIEGEND C
## Gut informierter Kulturliebhaber

Eine Kunstgalerie zu besuchen, einen historischen Stadtbummel zu machen oder ein tolles Konzert zu hören macht dich glücklich. Manche fahren ins Ausland, um neue Landschaften zu sehen; du interessierst dich für Kultur und Menschen. Warum haben die religiösen Gebäude diese spezielle Form? Welche berühmten Persönlichkeiten stammten aus diesem Ort? Wenn du mit anderen verreist, bist immer du derjenige, der sich vorab informiert. Wähle ein Reiseziel mit interessanter Geschichte, wie Indien (Seite 93) oder Spanien (Seite 103).

## ÜBERWIEGEND D
## Sonnenanbetende Wasserratte

Wie tropische Planzen brauchst du jede Menge Sonne – und Ananas, Wassermelone sowie Kokosnuss stehen ganz oben auf der Liste deiner Lieblingsfrüchte. Kaltes Wetter kann deine Stimmung in den Keller sinken lassen, aber eine Portion Sonnenschein bringt dich in Hochstimmung, und es gibt für dich nichts Schöneres, als am Strand Wind und Wellen zu genießen. Daher sollte dein Reiseziel viel Sonne und idyllische Strände garantieren, wie etwa Malaysia (Seite 143) oder Jamaika (Seite 137).

# Gesund unterwegs

*Wahrscheinlich ist jeder Veganer schon einmal auf jemanden gestoßen, der vor Mangelerscheinungen bei veganer Ernährung gewarnt hat; aber allen Unkenrufen zum Trotz tut die Mehrheit der Veganer aktiv etwas für ihre Gesundheit – und dies auch auf Reisen.*

Unten: Avocado-Zucchini-Tartar gibt es im Wild Beets auf Ibiza. Gegenüber: Fleischlose Teigtaschen und Lebensmittel kann man in Tel Aviv in vielen Läden kaufen.

## DEM KÖRPER GEBEN, WAS ER BRAUCHT

Sättigende Kohlenhydrate wie Brot, Reis und Nudeln gibt es fast überall, ebenso frisches Obst und Gemüse, sodass man als Veganer auf Reisen also nicht verhungern wird. Pflanzliches Eiweiß könnte jedoch an manchen Orten schwer zu bekommen sein. Daher empfiehlt es sich, zur Sicherheit ein paar Proteinriegel oder Tütchen mit Nüssen einzupacken und zu versuchen, am Reiseziel dann mehr davon zu finden. Vielleicht gibt es vor Ort eine regionale vegane Spezialität, wie etwa würzige geröstete Kichererbsen.

Wer Proteinpulver mag, nimmt einen kleinen Vorrat mit, um das Pulver in Fruchtsäfte oder andere Getränke zu mischen. Und wie zu Hause auch gilt es auf Reisen, darauf zu achten, immer gut hydriert zu sein.

## WEGLASSEN, WAS DER KÖRPER NICHT BRAUCHT

Viele fast überall zu findende vegane Optionen sind leider nicht besonders gesund. (Ja, wir haben ***euch*** im Blick, all ihr ballaststoffarmen Pommes frites, Weißbrot-Marmeladenbrote und Reiswaffeln!) Es ist verführerisch, sich diese fast immer erhältlichen Kalorienbomben einzuverleiben, vor allem nach einem anstrengenden Reisetag, wenn man sich nur danach sehnt, schnell noch etwas zu essen und früh schlafen zu gehen. Auf längere Sicht verdirbt einem allerdings zu viel schlechtes Essen den Spass an der Reise durch a) Verdauungsprobleme, b) fehlende Energie am folgenden Tag oder c) beides. Man kann es sich aber einfach machen, gesund zu essen, indem man immer nahrhafte Snacks bereit hat und sich angewöhnt, mindestens einmal auf der Reise in einen lokalen Lebensmittelladen oder auf einen Obst- und Gemüsemarkt zu gehen. Das Einkaufen von Nahrungsmitteln vermittelt zudem einen Einblick in das Leben der Einheimischen.

VON LINKS: © 2019, WILD BEETS; © 2019, DELICIOUS ISRAEL

## VORSICHT

- **Rohes Streetfood, das nicht ganz frisch ist:** Rohe, aufgeschnittene Früchte in Plastikbechern oder auf Spießen können Keime enthalten. Man sollte darauf achten, wie sauber die Arbeitsfläche des Ladens aussieht oder wie lange das Obst schon in der Sonne gestanden hat.
- **Eiswürfel:** Wer einen Smoothie an einem Ort trinken möchte, an dem er sonst nur Wasser aus Flaschen trinkt, sollte ihn ohne Eiswürfel bestellen.
- **Rohes Gemüse:** In Ländern, in denen man kein Wasser aus dem Hahn trinken sollte, isst man besser gekochtes Gemüse. Wenn man sich selbst einen Salat zubereitet, sollte man ihn in Trinkwasser aus der Flasche waschen.
- **Zu wenig Nährstoffe:** In einem Land mit begrenzten veganen Optionen könnte man versucht sein, sich hauptsächlich von Obst und Gemüse zu ernähren. Man sollte aber auch genug Eiweiß, gesunde Fette und komplexe Kohlenhydrate zu sich nehmen.

# Veggie-Tipps

## REISE-BLOGS

• **The Nomadic Vegan**
Wendy Werneth hat mehr als 100 Länder besucht und auf einer interaktiven Weltkarte ihre nach Reisezielen geordneten Tipps zusammengetragen. *www.thenomadicvegan.com*

• **Vegan Travel**
Eine Blog-Sammlung, auf der Veganer Tipps von kürzlichen Abenteuern teilen. Länderspezifisches ist in allgemeine Blog-Posts und Restaurant-Kritiken eingeteilt. *www.vegantravel.com*

• **Burger Abroad**
Der persönliche Blog der veganen Full-Time-Reisenden Amanda Burger enthält illustrierte Reisetipps mit einer beneidenswerten Anzahl von Destinationen. *www.burgerabroad.com*

## REISE-APPS

• **HappyCow**
Langjährige App mit veganen und veganfreundlichen Restaurants und Läden weltweit. *www.happycow.net*

• **V Cards: Vegan Abroad**
Gratis-App mit Texten in mehr als 100 Sprachen, in denen erklärt wird, wie man sagt, dass man Veganer ist und welche Lebensmittel man ablehnt. Man wählt die entsprechende Karte aus und zeigt sie dem Kellner. *www.vegan.cards*

• **Vanilla Bean**
Gratis-App für vegane, glutenfreie und Rohkost-Lokale, vor allem in Europa und Nordamerika. *www.vanilla-bean.com*

• **The Vegan Passport**
Von der Vegan Society herausgegeben, deckt diese als App oder Printversion erhältliche Zusammenstellung in Sprachen von 96 Prozent der Weltbevölkerung ab, was Veganer essen und was nicht. *www.vegansociety.com/shop/books/lifestyle-books/vegan-passport*

## UNTERKUNFTSSUCHE

• **Vegvisits**
Diese Seite hilft einem, eine Unterkunft bei Veganern zu buchen, Empfehlungen für lokale Restaurants und Märkte zu bekommen oder stundenweise eine Küche zu mieten, um selbst zu kochen. *www.vegvisits.com*

• **Veggie Hotels**
Eine Webseite mit vegetarischen und veganen Hotels, B&Bs und Guesthouses in mehr als 60 Ländern. *www.veggie-hotels.com*

Links: Vegane Köstlichkeiten erwarten einen im The Chillhouse – Bali Surf and Yoga Retreat. Unten: Auch im Peloton Supershop auf Bali kann man lecker vegan essen.

## Vegane Veranstalter

• **World Vegan Travel**
Von Ortsansässigen geleitete Aktivitäten, vegane Versionen lokaler Spezialitäten und schicke Unterkünfte in Ruanda, Vietnam, Thailand und Frankreich.
*www.worldvegantravel.com*

• **Vegan Trip Planner**
Auf dieser Webseite kann man Ziel und Reisedaten eingeben und jemand anderen all die Recherchen machen lassen, um die Reise detailliert vorzubereiten. Personalisierte Reiseplanung gibt es ab 99 US-Dollar.
*https://.the veganword.com/trip-planner*

## VEGAN ESSEN MAL GANZ ANDERS

• **Airbnb Experiences**
Für maßgeschneiderte kulinarische Erlebnisse und um Einheimische zu treffen. *www.airbnb.com/s/experiences*

• **EatWith**
Um mit anderen zu Hause bei Ortsansässigen zu essen, kann man sich auf dieser Webseite mit Gastgebern aus mehr als 130 Ländern vernetzen. Im Voraus buchen. *www.eatwith.com*

• **Hare-Krishna-Restaurants**
Alle religiösen Zentren dieses internationalen Netzwerkes unterhalten Restaurants, in denen man zu erschwinglichen Preisen vegan essen kann.
*http://centers.iskcondesiretree.com/restaurants*

# INSPIRATIONEN

# TOP 20
## DER VEGAN-FREUNDLICHEN STÄDTE

*Wer sich einen Städtetrip ohne Aufwand wünscht, eine entspannte Auszeit, während der man ohne Mühe veganfreundliches Essen genießen kann, findet in diesen 20 Städten genau das Richtige.*

### 1 BERLIN, DE

Oft als die vegane Hauptstadt der Welt bezeichnet, ist Berlins Geheimnis die hohe Einwohnerzahl an Veganern – über 80 000, und es werden immer mehr. In der deutschen Metropole findet man nicht nur vegane Restaurants, sondern Geschäfte, die alle veganen Bedürfnisse erfüllen: tierfreie Fleischereien, vegane Hotels, vegane Bars und die Schivelbeiner Straße, eine »vegane Flaniermeile« mit tierleidfreien Bekleidungsläden und pflanzenbasiertem Supermarkt.

### 2 LONDON, UK

Hier kann man fast in Reichweite jeder U-Bahn-Station vegan essen und dabei äthiopische, karibische, asiatische oder japanische vegane Spezialitäten kennenlernen. Oder wie wäre es mit einem veganen Burger-Restaurant?

### 3 NEW YORK CITY, USA

Ob vegane Restaurantketten, gehobene Küche, Burger-, Crêpes- oder Donut-Läden, New York City erfüllt alle Wünsche. In der Upper West Side mag die Auswahl nicht so groß sein, andere Gegenden haben die typische »Alles ist möglich«-Haltung. Wo sonst würde man ein »vegetable slaughterhouse« (Gemüsemetzgerei) finden? Oder ein Café mit veganen »sleeping pods« (Schlafkojen), falls man ein Nickerchen machen möchte?

### 4 TEL AVIV, ISRAEL

Überrascht, dass Tel Aviv unter den ersten Fünf ist? Nun, in Israel leben prozentual zur Gesamtbevölkerung die meisten Veganer weltweit. Pflanzenbasierte Gerichte gehören zum israelischen Lebensstil, daher können Veganer hier garantiert lecker essen. Neben traditionellen veganen Gerichten wie Hummus und Falafeln kann man in Tel Aviv auch die Innovationen der fleischlosen regionalen Küche genießen.

## 5 PORTLAND, OREGON, USA

Portland ist kreativ im Feiern des Veganismus. Hier gibt es eine komplett vegane Shopping Mall, ein veganes Sommercamp, vegane Möbelläden, einen veganen Punk Club, einen von Restaurantkritikern hochgelobten veganen Gourmet-Tempel und sogar einen veganen Striptease Club. Portland rühmt sich auch, als erste Stadt ein veganes Barbecue angeboten zu haben.

## 6 LOS ANGELES, KALIFORNIEN, USA

Als Heimat vieler veganer Promis (unter anderem von Natalie Portman und Liam Hemsworth) versorgt L. A. nicht nur die Reichen und Schönen, sondern alle, die im Körper einen Tempel sehen, und auch wenn nicht alle Einwohner Veganer sind, so sind sie doch vertraut mit dieser Ernährungsform. Der Musiker Moby unterhält hier ein veganes Restaurant, dessen gesamte Einnahmen an Tierrechtsorganisationen gehen.

## 7 UBUD, BALI, INDONESIEN

Mit Tempeh- und Tofugerichten auf den meisten Speisekarten haben es Veganer auf Bali leicht, aber Ubud ist das vegane Zentrum der Insel. Es ist außerdem spiritueller und kultureller Mittelpunkt, und so dreht sich hier alles um Nahrung für die Seele. Es gibt jede Menge Rohkostgerichte mit frischen, regionalen Zutaten und vegane Retreats in prächtiger, tropischer Umgebung.

## 8 WARSCHAU, POLEN

Inzwischen gibt es in Warschau fast 50 rein vegane Restaurants. Veganer bekommen hier mexikanisches Fast Food, Sushi, italienische Küche, Eiscreme, Burger, französische Backwaren, polnisches Wohlfühlessen und vieles mehr.

## 9 TORONTO, KANADA

Toronto sollte man auf jeden Fall auf die Reise-Wunschliste setzen. Hier huldigt ein ganzes Viertel mit dem Spitznamen »Vegandale« der tierleidfreien Lebensart – mit veganen Gerichten, Konsumgütern und Service-Angeboten, und es gibt ein veganes Touring Festival (siehe Seite 44). Mehr als 50 Prozent der Kanadier, vor allem die unter 35-Jährigen, greifen regelmäßig zu veganen Alternativen, und Torontos Köche kreieren pflanzenbasierte Köstlichkeiten wie nie zuvor.

## 10 MELBOURNE, AUSTRALIEN

Australiens Gourmet-Hauptstadt hat den Finger am Puls der Zeit, daher ist es nicht verwunderlich, dass vegane Lokale hier geradezu aus dem Boden schießen. Tatsächlich ist Melbourne einer der am schnellsten wachsenden veganen Märkte – gute Nachricht für vegane Reisende. Pflanzenbasierte Restaurants findet man hier überall, die Hochburg ist jedoch der angesagte Vorort Fitzroy mit mehr als 100 veganfreundlichen Optionen.

## 11 PARIS, FRANKREICH

Paris gilt nicht unbedingt als veganfreundliche Destination, aber in den letzten Jahren hat ein rasanter Wandel stattgefunden. Die vegane Szene explodierte geradezu, nachdem im April 2017 die erste vegane VG Pâtisserie eröffnet und bewiesen hatte, dass auch vegane Backwaren französischen Standards gerecht werden können. Heute verkaufen mehr als 60 vegane Läden die verschiedensten Produkte.

## 12 TAIPEH, TAIWAN

Schon durch seine buddhistische Geschichte ist Taipeh eine der veganfreundlichsten Städte Asiens. Es gilt zwar, die Sprachbarriere zu überwinden, dafür erwarten einen in den mehr als 50 veganen Restaurants alle Arten von Fusionsküche.

## 13 PRAG, TSCHECHISCHE REPUBLIK

Auch diese traditionell eher fleischlastige Reisedestination folgt heute dem Trend zu einem gesünderen Lebensstil und bietet eine große Auswahl an veganen Optionen. Hier kann man veganen Brunch genießen sowie Asia Fusion oder venezolanische und indische Küche, aber auch vegane tschechische Gerichte.

## 14 KYOTO, JAPAN

Aufgrund der Liebe der Japaner zu Fisch und der Verwendung von Dashi (Fischbrühe) in sehr vielen Gerichten gehört das Land nicht gerade zu den veganfreundlichsten. Hier ist »Shōjin ryōri« ein hilfreicher Begriff: Das ist der traditionelle Stil tierleidfreien Kochens in buddhistischen Tempeln. Aber in den letzten Jahren hat sich in Kyoto auch eine moderne vegane Szene entwickelt.

## 15 AMSTERDAM, NIEDERLANDE

Auch wenn die meisten Holländer ihren Käse über alles lieben, gibt es in Amsterdam viele vegane Angebote – und Englisch sprechende Einwohner, die sich mit veganen Wünschen auskennen. Man kann vietnamesisch, japanisch, karibisch vegan essen, und es gibt Restaurants wie das Meatless District oder das The Dutch Weed Burger, wobei es sich bei dem »Weed« um komplett rauschsubstanzfreies »seaweed«, also Algen, handelt.

## 16 EDINBURGH, SCHOTTLAND

Edinburgh ist momentan Schottlands vegane Hauptstadt (und hat erst kürzlich Glasgow überholt, falls man ein gutes zweites veganes Reiseziel im »Land des Cheddar« sucht). Hier kann man im Kreis einer sehr hilfsbereiten veganen Gemeinde tolles Essen, Getränke und andere Produkte genießen. Man kann sogar *Samosas* mit einer Füllung aus veganem Haggis (der berühmten schottischen Spezialität) bekommen, wenn man mag.

## 17 GENT, BELGIEN

Gent rühmt sich, als erste Stadt der Welt einen fleischfreien Wochentag eingeführt zu haben – jeden Donnerstag ist »Veggie Day«, unterstützt von der flämischen Regierung und ins Leben gerufen zusammen mit der Ethical Vegetarian Alternative (EVA). So haben es Veganer hier besonders leicht. Auf Gents Tourismus-Webseite hat EVA pflanzenbasierte Restaurants aufgelistet.

## 18 GÖTEBORG, SCHWEDEN

Göteborg ist zwar nicht Schwedens Hauptstadt, aber seine Königin, wenn es um vegane, tierleidfreie Optionen geht. Vor allem das ehemalige Arbeiterviertel Majorna ist im letzten Jahrzehnt zum Mittelpunkt für Veganer geworden. Majorna hat seinen Ruf als raues Pflaster abgeschüttelt und wurde zu einer kreativen und beliebten Gegend. Hier gibt es mehrere vegane Projekte und Kooperativen, die durch Crowdfunding ermöglicht wurden.

## 19 MAILAND, ITALIEN

In Mailand als Veganer nur Pasta und Pizza ohne Käse essen? Ja und nein, *miei amici*. Es gibt zwar die kleinen, familiengeführten Restaurants, die kaum etwas für Vegetarier auf der Karte haben und erst recht nichts für Veganer. Aber wenn man sich schlaumacht, gibt es auch Orte, die Gerichte wie vegane Burger mit rosafarbenen Brötchen anbieten, und sogar mit Michelin-Stern ausgezeichnete, schicke und veganfreundliche Haute-Cuisine-Tempel, ganz zu schweigen von der superfrischen Gemüseauswahl.

## 20 STRASSBURG, FRANKREICH

Straßburg verfügt über jede Menge vegane Optionen, darunter das Vélicious, das auf seiner Fassade neben Fotos von Promi-Veganern Werbung für das vegane Leben macht. Es gibt einige vegane Food Trucks und sogar eine vegan-vegetarische Pizzeria, in der man sich – eingebettet in die kosmopolitische Ausstrahlung der Hauptstadt des Elsass – wie zu Hause fühlen kann.

# TOP 10
## DER VEGANEN TRIPS

*Keine Lust auf Planen und Organisieren, aber darauf, mit Gleichgesinnten Neuland zu erkunden und zu wissen, dass für alle veganen Wünsche rundum gesorgt ist? Das geht!*

### 1. INTREPID VEGAN FOOD ADVENTURES

Intrepid Travel, bekannt für umweltbewusste Kleingruppenreisen, hat vor Kurzem seine Real Food Adventures durch vegane kulinarische Trips erweitert: achttägige Reisen nach Indien, Thailand oder Italien. Der Schwerpunkt liegt auf Kulinarik – Verkostungen vor Ort und Kochkurse. Geplant sind demnächst auch Optionen mit veganen Unterkünften. *www.intrepidtravel.com/uk/vegan-food-adventures*

### 2. VEGAN EPICURE TRAVEL

Ob man sich eine Halbtages-Exkursion wünscht oder einen wochenlangen Trip in die Ferne – die Auswahl bei Vegan Epicure Travel ist riesig. Eine Fahrradtour in der Provence? Ein Frauen-Wellness-Retreat auf Sri Lanka? Ein Gourmet-Trip entlang der Riviera? Ein Besuch in einem Heim für gerettete Tiere in Kalifornien? Da fällt die Wahl schwer. *www.veganepicuretravel.com*

### 3. SAMSARA VEGAN TRAVELS

Noch besser als die Vielzahl der Destinationen (Schweden, Myanmar, Neuseeland, Vietnam, Nepal und Japan) ist bei Samsara Vegan Travels die Möglichkeit, den Trip individuell zu gestalten. Durch optionale Aktivitäten kann man auch vor Ort vieles selbst entscheiden. *www.samsaravegantravels.com*

### 4. VEGAN SAFARI AFRICA

Wer auf eine tierfreundliche Öko-Safari gehen möchte, der ist hier genau richtig! Ob man sich eine Fünf-Sterne-Luxusunterkunft leisten oder eine billigere, authentische Zelterfahrung machen will – bei Vegan Safari Africa ist für jeden Geldbeutel etwas dabei, und es gibt vielfältige Möglichkeiten, Tiere in ihrer natürlichen Umgebung zu beobachten (Bild) – von winzigen weißen Fröschen am Ufer des Okavango bis hin zu den berühmten »Big Five« in der Savanne. *www.vegansafariafrica.com*

## 5. VEGAN RIVER CRUISES

Man könnte denken, dass vegane Kreuzfahrten ein Widerspruch in sich sind, aber Vegan River Cruises setzt nur Schiffe ein, die nach ökologischen Richtlinien und Wasserschutzregularien gebaut wurden und ohne Schweröl fahren. Mit ruhigem Gewissen kann man so das Mekong-Delta, Portugal, Myanmar und chilenische Fjorde ansteuern. *www.vegan-cruises.com*

## 6. VEGTHISCITY

Wie wäre es mit einer von Einheimischen geführten fleischlosen Schlemmer-Tour durch Singapur? VegThisCity bietet vierstündige Touren an, vom Streetfood-Stadtbummel bis hin zur Teeverkostung. Von Gastronomie-Liebhabern sorgfältig vorbereitet, bieten die Touren einen Einblick in die lokale Gemeinschaft und Kultur und die innovative vegane Küche der Stadt. *www.vegthiscity.com*

## 7. MELBOURNE VEGAN TOURS

Man isst gut in Melbourne, aber in den vielen kleinen Gassen kann es schwierig sein, die vegane Gastronomie zu entdecken. Melbourne Vegan Tours (Bild) bietet Spaziergänge durch Fitzroy, Collingwood und St. Kilda sowie durchs Stadtzentrum an. Es gibt sogar eine Tagestour zur Mornington Peninsula – der perfekte Anlass für einen Küstentrip. *www.melbourneventours.com*

## 8. UP NORWAY VEGAN TRAIL

Eine 13-tägige Tour durch Norwegen auf eigene Faust kann im Idealfall spektakulär sein, aber mit diesem Veranstalter hat man den zusätzlichen Vorteil eines veganen kulinarischen Reiseplanes. Man kostet sich durch das urbane Oslo und schlemmt vegane Köstlichkeiten in den Bergen.

Automiete und Unterkunft mit veganem Abendessen sind inklusive. *www.upnorway.com/journey/the-up-norway-vegan-trail*

## 9. IRAN VEGAN TRAVEL

Mit der ersten veganen Reisegesellschaft des Irans kostet man authentische fleischlose traditionelle Gerichte, wie sie im letzten Jahrhundert üblich waren. Ein Fokus der 12-Tage-Touren liegt auf dem Eintauchen in die persische Kultur; man verbringt Zeit bei iranischen Familien, besucht Poesie-Lesungen und Workshops zur Kräuterdestillation sowie historische Stätten. *www.iranvegantravel.com*

## 10. TLVEG TOURS

Die etwa dreistündigen Stadtspaziergänge führen zu veganen Restaurants in Tel Aviv, wobei man Köche kennenlernt und Streetfood probiert. Vielleicht kostet man einen »Inside Out Cheesecake«, während man etwas über die Geschichte des Veganismus vor Ort erfährt? *www.betelavivtours.com/eng/TLVEG_Tours*

# TOP 10
## DER VEGANEN FOOD TRUCKS

*Wer liebt es nicht, das bequeme Food-Truck-Essen? Flugs serviert zu meist erschwinglichen Preisen und von freundlichen Kleinunternehmern. Kein Wunder, dass die Food-Truck-Szene boomt.*

### 1 GMONKEY, CONNECTICUT, USA

Seit seiner Eröffnung 2010 erntete Amerikas erster veganer Food Truck nur Lob. Koch Mar Shadle verfügt über 20 Jahre Erfahrung in veganer Gourmet-Küche, und der Truck fährt mit Bio-Diesel aus Pflanzenöl. Unbedingt probieren sollte man den Zen-Burger! *www.gmonkeymobile.com*

### 2 GOODDO, UDAIPUR, INDIEN

Die GoodDO Food Trucks erleichtern Veganern in Indien das Leben. Das Essen liefert die Firma Good Dot, bekannt für ihre Fleischimitate voller Pflanzenprotein. Bei GoodDO bekommt man vegane Fleisch-Tikkas, Chili-Wraps und vegane Fleisch-Biryanis. *www.gooddot.in; @gudduzofficial*

### 3 TOTALLY AWESOME VEGAN FOOD TRUCK, PORTLAND, MAINE, USA

Der von den 1980er-Jahren inspirierte Food Truck leuchtet in knalligem Pink und Violett. Der Koch Tony DiPhillipo serviert »Ruben U Been Waitin 4« (mit Jackfrucht-Pastrami) und nuss- sowie glutenfreie Burger. *www.totallyawesomeveganfood truck.com*

### 4 CLUB MEXICANA, LONDON, UK

Lust auf scharfes, herzhaftes mexikanisches Essen? Club Mexicana serviert leckere Gerichte mit selbst gemachten Toppings und ist bekannt für seine Jackfrucht-Burritos. Außerdem gibt es Seitan-, »Bacon«(Tempeh)- und »Tofish«(Tofu)-Tacos, gehaltvolle Nachos und veganes Bier. *www.clubmexicana.com*

### 5 STAAZI & CO, ADELAIDE, AUSTRALIEN

Der Staazi & Co Food Truck versorgt Adelaide seit 2017 mit 100 Prozent veganem Essen mit griechischem Twist. Fans von Gyros, Moussaka oder Spanakopita bekommen diese Gerichte hier mit pflanzenbasiertem »Lammfleisch« oder »Hackfleisch« (aus Soja- und Erbsenprotein) und »Feta« (aus Nüssen), zubereitet von der passionierten Veganerin Anastasia Lavrentiadis. *www.staaziandco.com.au*

## 6 THE CINNAMON SNAIL, NYC, USA

Frühstücks-Burritos, French Toast ... alles von diesem Truck in New York City schmeckt himmlisch. Lust auf einen »Beastmode Burger Deluxe«? Das ist ein gegrillter Ancho-Chili-Seitan-Burger mit einem Laugenbrötchen und einem Berg köstlicher Relishes und Beilagen. *www.cinnamonsnail.com*

## 7 CHEZ VEG'ANNE, STRASSBURG, FRANKREICH

Dank des erfolgreichen Crowdfundings von 253 Unterstützern fährt dieser leuchtend grüne Truck seit 2016 durch Straßburg. Berühmt sind Anne Bavays vegane Burger mit selbst gebackenen Brötchen, serviert mit Rote-Bete-Ketchup und Süßkartoffel-Pommes. Außerdem gibt es leckere Salate, Quiches und Desserts. Auf keinen Fall verpassen sollte man den »Veg'Alsace-Burger«. *www.facebook.com/chezveganne*

## 8 SOULGOOD, DALLAS, TEXAS, USA

Fünf Prozent der Einnahmen des Trucks gehen an die Cystic Fibrosis Foundation in Erinnerung an Tyler, den jüngsten Sohn der Gründerin Cynthia Nevels, der an Mukoviszidose starb. Als Tyler erkrankte, startete Cynthia mit veganer Ernährung. Ihre Gerichte sind alle köstlich, unbedingt probieren sollte man aber die »Cowboy Bowl«. *www.eatsoulgood.com*

## 9 RUPERT'S STREET, LONDON, UK

Beim gelben Rupert's Street Truck ändern sich die Gerichte regelmäßig, da der Fokus auf saisonalen Produkten liegt – gut für die Kunden und die Londoner Erzeuger. Je nach Jahreszeit bekommt man Sellerie-Kartoffel-Cottage-Pie oder Rote-Bete-Kichererbsen-Burger. Die Verpackungen sind in weniger als zwölf Wochen kompostierbar. *www.rupertsstreet.com*

## 10 SHIMMY SHACK, DETROIT, MICHIGAN, USA

Shimmy Shack serviert seit 2013 veganes und glutenfreies Essen. Das Chili mit schwarzen Bohnen und Süßkartoffeln und die Milchshakes haben viele Fans. *www.shimmyshack.com*

# TOP 10
## DER VEGANEN FESTIVALS

*Wäre das nicht wunderbar – ein veganes Festival an einer neuen Destination und dazu das Wissen, sich in einer Gemeinschaft von Gleichgesinnten zu befinden? Kein Problem!*

### 1. VEGANES SOMMERFEST, BERLIN, DEUTSCHLAND

Lust auf Musik, Spiele, Sport und eine Modenschau, kombiniert mit veganen Leckereien? Dann wäre im August Europas größtes veganes Festival auf dem Alexanderplatz in Berlin genau das Richtige. Und das Beste daran – der Eintritt ist gratis.
*www.veganes-sommerfest-berlin.de*

### 2. VEGANDALE, USA & KANADA (VERSCHIEDENE ORTE)

Die Veganer von Chicago, Miami, Toronto, New York und Houston erwarten dieses tourende Festival jedes Jahr voller Ungeduld. Der Name bezieht sich auf ein Viertel in Toronto, in dem der veganen Lebensart besonders gehuldigt wird (siehe Seite 37). Das Festival bietet zu 100 Prozent veganes Essen, Craft-Biere, Weine, Spirituosen und Kleidung.
*www.vegandalefest.com*

### 3. VEGGIEWORLD, EUROPA (VERSCHIEDENE ORTE)

Europas älteste vegane Messe stellt heute in 14 Städten aus, unter anderem in Paris, Barcelona, Kopenhagen, München, Brüssel und Zürich. Hunderte Aussteller verkaufen vegane Produkte, es finden Kochdemonstrationen, Vorträge, Yogakurse und Filmpreviews statt.
*www.veggieworld.de*

### 4. VEGFEST, LONDON & BRIGHTON, UK

Das VegFest kann man wahlweise in London (Oktober) oder in Brighton im März besuchen (pausiert aber 2020). Brightons VegFest gibt es seit 2009, aber London zieht mehr Besucher an (2018 waren es 14 500). Alles hier Verkaufte ist vegan, es gibt Verkostungen, Vorträge, Kochdemonstrationen, Dokumentarfilme und sogar Comedy.
*www.vegfest.co.uk*

### 5. VEGAN STREET FAIR, LOS ANGELES, KALIFORNIEN, USA

In Los Angeles hat man die Wahl

zwischen zwei veganen Straßenmärkten – einem tagsüber stattfindenden im März mit karnevalartiger Atmosphäre und einem eintrittspflichtigen, nachts stattfindenden für über 21-Jährige im späten August/September. Beide dauern zwei Tage und Nächte.
*www.veganstreetfair.com*

## 6. VEGAN GOURMET FESTIVAL, NAGOYA, KYOTO & TOKIO, JAPAN

Dieses Festival startete in Nagoya und wurde dann auf Kyoto und Tokio ausgeweitet. Bei freiem Eintritt schlemmt man glutenfreie *Ganmodoki* (Tofu-Gemüse-Burger), vegane *Takoyaki* (Teigbällchen), Hanfbier und mehr.
*www.vegefes.com*

## 7. VEGAN CAMP-OUT, UK

Bei diesem größten Camping-Festival der Welt treffen sich Ende August/Anfang September Veganer aus mehr als 30 Ländern. Der Veranstaltungsort ändert sich entsprechend der wachsenden Nachfrage. Seit 2016 organisiert das Festival unter anderem Konzerte, Vorträge, Workshops, Yogasessions und DJ-Events. Alleinreisende können sich vorher der Facebook-Gruppe anschließen, um Freunde zu finden.
*www.vegancampout.co.uk*



## 8. HONG KONG VEGFEST

Auf diesem eintägigen Festival im Oktober feiert Hongkong alles Vegane. Veranstaltet von Ehrenamtlichen, gibt es mehr als 70 Stände, die vegane Produkte, Kochdemos, tierleidfreie Kleidung und mehr präsentieren. Es gibt sogar einen Stand mit Tierkostümen und einen mit wiederverwendbaren Behältern.
*www.vegfest.hk*

## 9. VEGAN FASHION WEEK, LOS ANGELES, KALIFORNIEN, USA

Dieses von der Tierrechtsaktivistin Emmanuelle Rienda gegründete viertägige Modefestival fand zum ersten Mal im Februar 2019 im National History Museum of Los Angeles County statt. Es wurde ein solcher Erfolg, dass gleich danach Bewerbungen von Designern für die Modenschau im Oktober 2019 eingingen. Die Produkte sind zu 100 Prozent vegan, allerdings ist das Event derzeit nur für geladene VIPs zugänglich. Aber für Designer oder Mode-Fans lohnt sich ein Klick. *www.veganfashionweek.org*

## 10. AUCKLAND VEGAN FOOD FESTIVAL, NEUSEELAND

Dieses erstmals im Februar 2019 abgehaltene Festival ist eine Parade von veganen Food Trucks und ein Streetfood-Paradies. Mit Besuchern aller Altersstufen ist es familienfreundlich und ein unterhaltsamer Rummel, der alle willkommen heißt.
*www.aucklandfoodtruckcollective.com/vegan-food-festival*

# ABENTEUER

**GRÜNER TIPP**

Noch findet Gemüse in Argentiniens Gastronomie wenig Wertschätzung. Daher empfiehlt es sich, hochwertiges Green-Smoothie-Pulver und vielleicht ein paar gut unterzubringende getrocknete Algen mitzunehmen.

## Praktisches

Nordpatagonien (besonders El Bolsón); Buenos Aires (Palermo-Viertel); Mendoza.

Argentinien umfasst Regenwälder, Hochgebirgswüsten und das windige Patagonien, daher ist Zwiebelkleidung gut, denn das Wetter wechselt. Und ein Stadt-Outfit fürs modische Buenos Aires.

Im November bilden in Buenos Aires die lila-farben blühenden Jacaranda-Bäume einen eindrucksvollen Hintergrund. Der März ist für Patagonien eine ruhige Zeit, da die meisten Touristen abgereist sind. Mendoza sollte man Ende Februar und Anfang März lieber meiden, denn dann ist es wegen der Fiesta Nacional de la Vendimia sehr voll.

$ $

# Argentinien

***In Argentinien – einem der Länder mit dem höchsten Fleischkonsum – ist Veganismus ein relativ neues Konzept. Die heißen nördlichen Wüsten um Salta und der Dschungel der Iguazú-Wasserfälle verheißen mehr frisches Obst und vegane Optionen.***

Argentinien ist pittoresk und wildromantisch. Man überquert die Anden mit ihren Schneekappen bei Mendoza wie ein Gaucho auf dem Pferderücken, eingehüllt in einen Wollponcho und *Yerba Mate* trinkend, um sich warm zu halten; man bekommt von einer freundlichen, Schafe hütenden Großmutter mit italienischen Wurzeln beigebracht, wie man Kürbis-Walnuss-Ravioli macht; man tanzt im sinnlichen Buenos Aires bis zur Morgendämmerung Tango und frühstückt dann in einem netten vegetarischen Café.

Ob man die Iguazú-Wasserfälle bestaunt, dem Grollen des kalbenden Perito-Moreno-Gletschers lauscht oder über die siebenfarbigen Berge oberhalb von Purmamarca wandert – immer erlebt man Abenteuer in diesem noch wilden Land. Veganer haben es bei dem vielen Fleisch und den mit Käse überladenen Pizzen allerdings nicht leicht. Die meisten argentinischen Klassiker lassen sich abwandeln, aber oft muss man die fleischfreie Version selbst definieren. *Milanesa,* normalerweise mit Huhn, kann auch mit Aubergine gemacht werden. *Empanadas* lassen sich mit Gemüse, Linsen und frischen Kräutern füllen. Im viel wärmeren Norden gibt es mehr frisches Obst und Gemüse, während Patagonien (vor allem die Gegenden um El Bolsón, Lago Puelo und El Hoyo) sich durch sein Engagement für Permakultur auszeichnet.

Vorhergehende Doppelseite: Auf dem Weg zu Äthiopiens Kirche Abuna Yemata Guh. Gegenüber: Die Iguazú-Wasserfälle. Oben: Tangotänzer in Buenos Aires.

## Traumhafte Unterkünfte

- **Earthship Patagonia**
Das Earthship in El Bolsón ist eine preisgünstige Öko-Lodge. Man kann in einer Jurte, einem Privatzimmer oder einem Schlafsaal unterkommen. Das im Preis enthaltene Frühstück umfasst unter anderem Granola mit Kokosmilch. *www.earthshippatagonia.com*

- **Palo Santo Hotel**
Dieses Boutique-Hotel ist eine Oase in Buenos Aires, mit vertikalen Gärten, Springbrunnen und mehr als 900 Pflanzen, die die Wände bedecken. Die Gäste können gratis Fahrräder benutzen, und zum Hotel gehört ein japanisches Restaurant. *www.palosantohotel.com*

- **Vines of Mendoza**
Dieses Hotel mit mehreren Villen in einem Weingut im Valle de Uco erfüllt jeden nur erdenklichen gastronomischen Wunsch. Jede Villa hat eine Küche, und alles im Restaurant Siete Fuegos wird über offener Flamme zubereitet. *www.vinesresortandspa.com*

## BESONDERE ERLEBNISSE

**Argentinische Volksmusik hören**
Bei einer »Peña in Salta« im La Casona del Molino kann man vegetarische Empanadas essen, dazu den regionalen Weißwein Torrontés trinken und argentinische Volksmusik hören. *www.facebook.com/lacasonadelmolino*

**Mit Pinguinen chillen**
Mit dem veganfreundlichen Veranstalter Tierra Turismo in Ushuaia kann man Pinguine besuchen, danach mit Ushuaia Divers im Beagle Channel tauchen und sich anschließend im historischen Café Almacén Ramos Generales aufwärmen. *www.tierraturismo.com; www.facebook.com/ushuaiadivers; www.ramosgeneralesush.com.ar*

**Gut ausgerüstet auf Trekking-Tour gehen**
Bei El Molino in El Bolsón kauft man gesunde Snacks, im Café Alegría holt man sich ein paar vegane Sandwiches und wandert dann von Cajon del Azul zum Gletscher Hielo Azul. Zum Abschluss isst man einen Veggie-Burger an der Camping-Basis Hielo Azul. *www.facebook.com/el.molino.bolson; www.facebook.com/alegria.pasteleria; www.facebook.com/campobasehieloazul*

**Einer Weinroute folgen**
Man besucht Weingüter, die veganen Wein produzieren, zum Beispiel Chakana, Andeluna, Zuccardi und Clos de los Siete. *www.chakanawines.com.ar; www.andeluna.com.ar; www.familiazuccardi.com; www.closdelossiete.com*

**An Luxus-Kochkursen teilnehmen**
Man braucht Flugzeug, Auto, Schiff und eine gut gefüllte Reisekasse, aber auf der patagonischen Insel des Kochs Francis Mallmann über offenem Feuer zu kochen, ist ein tolles veganes Abenteuer.

## KLEINE SPRACHKUNDE

Nützliche Sätze sind »Soy vegano/vegana.« (»Ich bin Veganer/Veganerin.«) und »No como carne, pescado o pollo.« (»Ich esse weder Fleisch, Fisch noch Huhn.«) Genauer kann man sagen »No como productos animales, como lácteos, huevos y miel.« (»Ich esse keine tierischen Produkte, einschließlich Milchprodukte, Eier und Honig.«), damit wirklich alle veganen Bedürfnisse erfüllt werden.

Links: Weinprobe im Weinkeller der Bodega Andeluna. Unten: Gemüsecurry mit Kokosmilch im Chirimoya in Salta.

## LANDESKÜCHE

⟶ Argentinier treffen sich zum *Asado*, einer traditionellen Grillmahlzeit, je nach Region mit Rind-, Lamm- oder Ziegenfleisch. Veganer können sich Veggie-Burgerpatties mitbringen, aber sollten sich nicht über unwirsche Blicke wundern, wenn man seine veganen Produkte auf einem Extra-Grill gegart haben möchte. Die meisten Restaurants haben kohlenhydratreiche vegetarische Gerichte wie Pizza oder Pasta auf der Speisekarte und lassen auf Wunsch den Käse weg. Salate sind meist eine traurige Sache und bestehen vor allem aus Eisbergsalat und wässrigen Tomaten. Trockenobst, Nüsse, Getreide und Nahrungsergänzungsmittel kann man in den meisten Städten in den *Dietetica*-Läden (Bio-Läden) kaufen.

## Top-Restaurants

### BIO, BUENOS AIRES

Das erste zertifizierte Bio-Restaurant in Argentinien in gemütlichem Kaffeehaus-Stil mit einem angeschlossenen kleinen Laden bietet auch vegane Kochkurse an.
*www.biorestaurant.com.ar*

### VERDE, BUENOS AIRES

Dieses bei den Einheimischen beliebte Restaurant im Stadtteil Palermo bietet vegetarische, vegane, glutenfreie und Rohkostküche.
*www.bsasverde.com/alimentacion-inteligente*

### DONNET, BUENOS AIRES

Hier sind die Leckereien zu 100 Prozent vegan. Das kleine Lokal im Chacarita-Viertel hat sich auf Gerichte mit Pilzen spezialisiert und stellt selbst veganen Kefir her.

### CHIRIMOYA, SALTA

Dieses vegane Schatzkästchen macht Pasta aus Zucchini und Burger aus Quinoa. Bier und Wein stammen aus biologischer Produktion.
*www.facebook.com/chirimoya.vegetariano*

**GRÜNER TIPP**

In den Fastenzeiten und -tagen (vor Leddet und Ostern sowie jeden Mittwoch und Freitag) herrschen vegane Gerichte vor, sonst ist es besser, Mahlzeiten vorzubestellen.

## Praktisches

Die nördlichen Hochlandstädte Bahir Dar, Gonder, Aksum, Mek'ele und Lalibela.

In Äthiopien sind Shorts Kindern vorbehalten, Erwachsene lassen ihre am besten zu Hause. Man braucht einen Sonnenhut, Wanderschuhe, luftige Kleidung und etwas Warmes für kalte Abende.

In den 40 Tagen vor Leddet (äthiopisches Weihnachten am 6./7. Januar) und in der Fastenzeit (Lent) vor Ostern setzen Millionen äthiopischer orthodoxer Christen auf streng vegane Diät; daher sind diese Zeiten ideal, um durch das Land zu reisen.

$

# Äthiopien

***Wie Äthiopiens Landschaft und seine historischen Schätze ist auch seine Esskultur einzigartig. Wegen der häufigen Fastenzeiten, in denen keine tierischen Produkte gegessen werden, stehen sehr oft vegane Gerichte auf den Speisekarten.***

Geburtsort einer uralten Zivilisation und Heimat eines der frühesten christlichen Reiche des Planeten, ist Äthiopien während vieler Jahrtausende stolz seinen eigenen Weg gegangen. Es hat noch immer seine eigene Sprache und Schrift, seinen eigenen Kalender und sogar seine eigene Notierung von Tages- und Nachtzeiten. Ebenso eigenständig ist die äthiopische Küche, in der es viele einzigartige vegane Gerichte gibt, so etwa *Shiro* (leicht scharfes Kichererbsenmus), *Mesir Wat* (Rotes Linsencurry) und *Tihlo* (Gerstenbällchen), meistens serviert auf dem allgegenwärtigen *Injera* (fermentiertes Fladenbrot). Äthiopien ist auch Heimatland des Kaffees, und kein Besuch wäre komplett ohne das Erlebnis einer traditionellen Kaffeezeremonie.

Die größten Entdeckungen macht man jedoch abseits der Essenstische. Der historische Rundweg im nördlichen Äthiopien ist eine wahre Fundgrube an Schätzen: vorchristliche Grabstätten im Schatten des Obelisken von Aksum; elegante, in die Felsen gehauene Kirchen, die vor fast tausend Jahren in Lalibela errichtet wurden; die Schlösser aus dem 17. Jahrhundert in Gonder. Der Rundweg führt auch durch das Simiengebirge, eine unvergessliche Landschaft und bestens geeignet für Wanderungen und für die Tierbeobachtung.

Gegenüber: Ein Priester in einem von Lalibelas orthodoxen Klöstern. Oben: Die kreuzförmige Kirche Bet Giyorgis wurde in Lalibela aus den Felsen gehauen.

## Traumhafte Unterkünfte

**Hotel Maribela**
Hoch über den Tälern von Lalibela hat man von den 15 lichtdurchfluteten, in modernem Stil eingerichteten und mit traditionellen Stoffen verschönerten Zimmern dieses Hotels aus einen spektakulären Blick. Das Restaurant mit ebenso malerischer Aussicht erfüllt gern die Wünsche veganer Gäste.
*www.hotelmaribela.com*

**Itegue Taitu Hotel**
Das tägliche vegane Mittagsbuffet des Hotels zieht Einheimische und internationale Besucher gleichermaßen an. Das Hotel selbst hat eine berühmte Vergangenheit – es wurde nach Anleitungen der Kaiserin Taytu Betul 1907 erbaut und ist durchdrungen von seiner Geschichte.
*www.taituhotel.com*

## BESONDERE ERLEBNISSE

**Aufstieg zu einer Felsenkirche in Tigray**
Der Aufstieg zur Abuna Yemata Guh, einer mittelalterlichen, hoch oben in die Felsen gehauenen Kirche, ist körperlich anstrengend und auch eine mentale Herausforderung, denn der Eingang ist nur über einen schmalen Felsvorsprung zu erreichen, neben dem es 200 Meter in die Tiefe geht.

**Wie die Einheimischen kochen lernen**
An einem privaten Kochkurs im Haus einer äthiopischen Familie teilzunehmen, ist sowohl eine kulturelle als auch eine kulinarische Bereicherung. Buchen kann man die Erfahrung beispielsweise bei dem Veranstalter *www.lodgeduchateau.com.*

**An einer Kaffeezeremonie teilnehmen**
Eine Einladung zu einer traditionellen Kaffeezeremonie ist ein Zeichen von Gastfreundschaft und muss unbedingt angenommen werden – die Sinne werden es einem danken. Die Luft ist nicht nur vom Duft gerösteter Bohnen erfüllt, sondern auch mit dem von brennendem Weihrauch und frisch geschnittenem, auf dem Boden verstreutem Gras. Während sich die Wärme des Getränks auf die um die Tasse gelegten Hände ausbreitet, genießt man die erste von mindestens drei stark gesüßten Tassen Kaffee.

Im familiengeführten Restaurant Four Sisters in Gonder isst man in der Gesellschaft Einheimischer.

## KLEINE SPRACHKUNDE

Ein nützlicher Satz ist »Sega albellam« (»Ich esse kein Fleisch.«). Oder man fragt nach einem veganen Gericht seiner Wahl, wie etwa der veganen Fastenplatte Yetsom beyaynetu: »Yetsom beyaynetu alle?« (»Gibt es Yetsom beyaynetu?«)

## LANDESKÜCHE

Die Grundlage der äthiopischen Küche ist das veganfreundliche *Injera*, ein luftiges, gesäuertes Fladenbrot aus fermentiertem Teff-Getreide. Hauptgerichte werden oft auf *Injera* serviert, das Brot wird dann dazu benutzt, die Mahlzeit zum Mund zu führen (nur mit der rechten Hand!). An den wöchentlichen Fastentagen Mittwoch und Freitag und während der Fastenzeiten (Leddet und Ostern) bekommt man überall vegane Gerichte, sonst sind diese in kleineren Orten schwierig zu finden. *Shiro* ist das vegane Gericht, das man am häufigsten bekommt, aber man sollte nicht *Shiro* mit geklärter Butter (»be kibbe«) oder mit Fleisch (»bozena«) bestellen.

## Top-Restaurants

ITEGUE TAITU HOTEL, ADDIS ABEBA

Der majestätische Speisesaal dieses Hotels ist perfekt für das Kennenlernen der äthiopischen Küche. Die Qualität der regionalen Lebensmittel ist nicht nur erstklassig, sondern dank des täglichen Buffets kann man eine ganze Reihe veganer Köstlichkeiten probieren, um sein Lieblingsgericht zu finden. Das Restaurant hat einen eigenen Permakultur-Garten, Ausdruck seines Strebens nach Nachhaltigkeit. *www.taituhotel.com*

FOUR SISTERS, GONDER

Im Herzen der Stadt Gonder führen die Schwestern Helen, Senait, Tena und Eden ihr Familienrestaurant mit persönlichem Flair. Hier kann man beim Dinieren traditionelle Musiker und Tänzer erleben und *Injera*-Kochkurse oder eine Kaffeezeremonie buchen. *www.thefoursistersrestaurant.com*

**GRÜNER TIPP**

Die eigene Wasserflasche mitzubringen reduziert Plastikmüll. Überall finden sich Heiß- und Kaltwasserspender, in Banken, Museen, Zügen und auf Bahnhöfen.

## Praktisches

Taipeh, Kaohsiung, Taichung, Taitung, Penghu.

An erster Stelle sollte wasserfeste Kleidung stehen – Taiwan ist reich mit Regen gesegnet. Eine leichte Jacke schützt vor der Kühle der Klimaanlagen, und ein starkes Sonnenschutzmittel ist unerlässlich.

Frühling (März bis Mai) und Herbst (September bis Dezember) sind die besten Zeiten für das subtropische Taiwan, da ist es warm, sonnig und die Mangos haben Saison. Den Sommer sollte man meiden (dann ist es heiß, stickig und es gibt manchmal Taifune). Der Winter ist zum Windsurfen geeignet.

$

# Taiwan

***Taiwans buddhistischer Hintergrund und die Liebe der Taiwanesen zu Tofu machen veganen Reisenden den Besuch leicht. Wo man auch ist, gibt es tropische Früchte, Tofu und Veggie-Gemüsepfannen, Milch auf Bohnenbasis und sogar Desserts aus Blüten.***

Das subtropische Taiwan ist eine wenig wahrgenommene Abenteuer-Destination, die für alle Altersgruppen und Portemonnaies etwas zu bieten hat. Hier gibt es entlang seiner windgepeitschten, zerklüfteten Küsten aufregende Wassersportarten, auf der Hauptinsel eine 1200 Kilometer lange Fahrradroute, Wälder aus Baumriesen und die größte Dichte an Bergen in der Welt, überragt vom 3952 Meter hohen Yu Shan, dem höchsten Gipfel Ostasiens. In den nebligen Hügeln kann man sogar einige Tempel entdecken.

Und Taiwan ist das vegane Zentrum Ostasiens. Aufgrund starker kulinarischer Einflüsse aus Japan, China und Südostasien sind die Gerichte abwechslungsreich und kreativ. Zur Landesküche zählen beispielsweise mit veganem Fleisch gefüllte Klöße, Tahini-Nudeln und *San bei tofu,* eine vegane Version von Taiwans würzigem *San bei ji* (»Drei-Tassen-Huhn«), gewürzt mit Sesamöl, Reiswein und Sojasauce. Traditionelle Desserts sind ohnehin vegan – Seidentofu-Pudding, *bīngshā* (geraspeltes Wassereis), Bubble Tea und natürlich Früchte.

Gegenüber: Öffentliche Tai-Chi-Stunden in Tainan. Oben: Alles ist vorbereitet für einen Kochkurs in der Karenko Kitchen in Hualien.

## Traumhafte Unterkünfte

**Loving Hut**
**Paradise Island**
Die Besitzerin des Paradise Island B&B zaubert ihren Gästen jeden Morgen ein anderes Frühstück: Schwammkürbis-Vermicelli, Mango-Toast, vegane Omeletts und Obst-Smoothies. Die Doppelzimmer und familienfreundlichen Vier-Bett-Zimmer sind preiswert und auf Penghu Island kann man sehr gut windsurfen, kitesurfen, schnorcheln, tauchen und Kajak fahren. *www.facebook.com/paradiseisland88*

**Sunnylands Farm B&B**
Familienaufenthalt in einem modernen Bauernhaus im Surf-Hotspot Yilan mit Verköstigung ohne Fleisch. Wer möchte, kann je nach Saison bei der Ernte von Sonnenblumen, Tomaten, Gurken, Blumenkohl, Guaven, Bananen, Süßkartoffeln und Lotussamen helfen oder zum Vom-Feld-Naschen vorbeikommen. *www.sunnylands.com.tw*

## BESONDERE ERLEBNISSE

**Teilnahme an einem traditionellen Kochkurs**
Bei einem Kochkurs im Restaurant Karenko Kitchen erlebt man Taiwans einzigartige indigene Kultur. Überraschenderweise sind viele Gerichte vegan, darunter Klebreis in Ingwerblättern, knackiger Algensalat (vom Feld gepflückt, nicht aus dem Meer!) und gebratenes Wildgemüse. Die Kochschule liegt in Hualien, Ausgangspunkt für ein Abenteuer in der spektakulären Taroko-Schlucht. *www.karenko.com.tw*

**Meditieren in den Bergen**
Die Wurzeln von Taiwans veganer Kultur liegen im Buddhismus. Nördlich von Taipeh werden im ländlichen Jinshan District in der Stiftung Dharma Drum Mountain für ein symbolisches Entgelt Meditations-Retreats mit Übernachtungen angeboten. In diesem in den Bergen liegenden zenbuddhistischen Kloster- und Schulungskomplex isst man mit den Mönchen zu Abend und schläft zum Zirpen der Zikaden ein. *www.dharmadrum.org*

**Taiwan Adventure Outings (TAO)**
Die Organisation TAO bietet mehrere nachhaltige und veganfreundliche Abenteuertouren an, vom nächtlichen Beobachten von Schlangen über Wild River Tracing bis zu Wanderungen in Taiwans Wäldern, entlang der Gebirgsketten und Küsten. *www.taoutings.com*

**Einen Nachtmarkt besuchen**
Die für Taiwan typischen Nachtmärkte findet man sogar in den kleinsten Ortschaften. Vegane Favoriten sind gegrillte Kräutersaitlinge, gebratene Süßkartoffelbällchen, tropische Früchte und Wassereis mit süßen Bohnen, Fruchtsaucen sowie Obst.

Links: Vegane *Gua Bao* (gedämpfte Brötchen) sollte man unbedingt probieren.

## KLEINE SPRACHKUNDE

Der Begriff für vegan ist 全素 (»quán sù«) oder 純素 (»chún sù«). Dass man vegan ist, kann man geschrieben darlegen: 我吃全素 oder 我吃純素 (»Wǒ chī quán sù/chún sù«). Taiwanesische Buddhisten essen weder Knoblauch noch Zwiebeln, 蔥蒜都可以 (»cōng suàn dōu kěyǐ«) erklärt, dass man nichts gegen diese beiden Zutaten hat.

## LANDESKÜCHE

In großen Städten gibt es viele vegane Restaurants, die leckere internationale Gerichte anbieten: Japanisches, thailändisches und italienisches Essen wird in bester Qualität zubereitet. Auch preiswerte, von Buddhisten geführte vegetarische Lokale mit Buffets findet man überall in Taiwan. Man lädt sich sein Tablett voll mit Gemüse und Fleischimitaten aus Soja oder Taro und einer Schale Reis. Aber Vorsicht, manche Gerichte enthalten Eier oder Milchprodukte. Mini-Märkte haben meist heiße Backkartoffeln, Tofu-Reis-Taschen und Milch auf Bohnen- oder Nussbasis vorrätig. Das Label 全素/純素 bedeutet, dass veganfreundliche Snacks verkauft werden.

## Top-Restaurants

### VEGE CREEK, TAIPEH & TAICHUNG

In vielen Einkaufszentren in Taipeh und Taichung kann man sich in den Essensbereichen bei Vege Creek seine Zutaten – grünes Gemüse, Kürbis, Aubergine, Tofuhaut, Pilze – selbst zusammenstellen und dazu eine Nudelsorte aussuchen. Außerdem wird eine sättigende, vegane Version des in Taiwan beliebten, mit Sojasauce gewürzten Gerichts *Lǔ wèi* (滷味) serviert.

*www.facebook.com/VEGECREEK*

### HOSHINA UDON, TAIPEH

Dieses vegane japanische Restaurant serviert *Udon* mit Sesam, Kimchi, Algenstreifen oder Gemüse. Man kann den Köchen dabei zusehen, wie sie die Nudeln von Hand herstellen.

*www.hoshina.com.tw*

### SOYPRESSO, TAIPEH

Dieses winzige Restaurant zaubert Leckeres aus Sojabohnen: seidige Puddings, cremigen Joghurt, himmlische Eiscreme und pflanzliche Milch in Flaschen.

*www.soypresso.com.tw*

**GRÜNER TIPP**

Die meisten Gerichte in Vietnam sind mit **nước mắm** (Fischsauce) gewürzt, sogar Gemüsegerichte können einen Spritzer davon enthalten. Mit der Formulierung **»không nước mắm«** (ohne Fischsauce) kann man erklären, was man bestellen möchte.

## Praktisches

Hanoi, Hue, Hoi An, Dalat, Ho-Chi-Minh-Stadt.

Regensachen für warmes Wetter sind wichtig, vor allem von Mai bis Oktober. In Nordvietnam ist von Dezember bis März warme Kleidung ein Muss.

Die wunderbaren tropischen Früchte Durian, Longan, Litschi, Mangostan und Rambutan haben alle von Juni bis August Saison. Im Juli und August und während des vietnamesischen Neujahrsfestes im Januar oder Februar schießen Reise- und Unterkunftskosten in die Höhe.

$

# Vietnam

***Vietnams Berge, Dschungel und palmengesäumte Küsten zu erkunden, belebt Körper und Geist, während seine raffinierte Küche die Geschmacksknospen kitzelt. Dank der jahrhundertealten buddhistischen Tradition ist vegane Ernährung hier kein Problem.***

Von den Wanderwegen von Sapa, hoch in den nebelverhangenen Bergen, ist es eine 2000 Kilometer lange Fahrt zu den weißen Sandstränden der Insel Phú Quốc. Auf dem Weg kann man dynamische Städte erkunden, zwischen den Kalksteinfelsen der Vịnh Hạ Long segeln, die weiten Karsthöhlen des Phong Nha-Kẻ Bàng National Park besichtigen, am Strand von Mũi Né kitesurfen und in den Tieflandregenwäldern des Cát Tiên National Park Gibbons beobachten. Im ganzen Land kann man regionale Variationen der vietnamesischen Küche genießen, berühmt für ihre deftigen Aromen, akzentuiert mit fermentierten Saucen, Sirup-Dips, Limettensaft und scharfen Chilis, frischen Kräutern, Blattgemüse und Sprossen.

Viele Gerichte basieren auf Tierprodukten, aber dank des Mahayana-Buddhismus, der Mönche und Nonnen auffordert, vegan oder vegetarisch zu leben, bekommt man klassische Gerichte häufig auch in veganen Versionen. Empfehlenswert sind *rau muống xào tỏi* (Wasserspinat), *cà tím mỡ hành* (gegrillte Aubergine) und *bánh xèo chay* (Pfannkuchen mit Pilzen und Sojasprossen).

Gegenüber: Straßenverkäufer, die Reiskuchen anbieten, sieht man sehr oft in Vietnam. Oben: Drachenfrüchte auf einem Markt in Hanoi.

## Traumhafte Unterkünfte

**Sofitel Legend Metropole Hotel**
Dieses Hotel in Hanoi eröffnete 1901 und hat noch viel von der Atmosphäre der französischen Ära Vietnams. Graham Greene schrieb hier an seinem Roman *Der stille Amerikaner*, und Joan Baez suchte 1972 Zuflucht im Luftschutzkeller des Hotels. Der Raum wurde 2011 wiederentdeckt und kann besichtigt werden. Das Hotelrestaurant Le Beaulieu serviert hochwertige vegane Küche. *www.sofitel-legend-metropole-hanoi.com*

**CPG Vegan Trips**
Colleen Patrick-Goudreau, Autorin mehrerer beliebter veganer Kochbücher und Produzentin des Podcasts *Food for Thought*, organisiert vegane Trips nach Vietnam, deren Schwerpunkte auf nachhaltigem Reisen, regionaler Kultur, Tierbeobachtung und natürlich auf leckerer veganer Küche liegen. *www.cpgvegantrips.com*

## BESONDERE ERLEBNISSE

**Zum Frühstück Suppe schlürfen**
Wenn man erst einmal zum Frühstück *Pho* (Reisnudelsuppe) gegessen hat, fragt man sich, wie man jemals den Tag ohne sie beginnen konnte. Dieses aromatische vietnamesische Grundnahrungsmittel, oft garniert mit Bohnensprossen, frischem Koriander, Thai-Basilikum und einem Limettenschnitz, wird traditionell aus stundenlang köchelnden Rinderknochen hergestellt. Zum Glück findet man in der Nähe buddhistischer Tempel oft schmackhafte vegane Versionen *(Pho chay)*.

**Auf dem Frischemarkt einkaufen**
Hier werden Vietnams frischeste Früchte, Gemüse und Blattgemüse verkauft. Die mit farbenfrohen Landwirtschaftserzeugnissen beladenen Stände (oder im Mekong-Delta Ladenboote) öffnen täglich früh am Morgen.

**Streetfood in Ho-Chi-Minh-Stadt**
Das australisch-vietnamesisch geführte Unternehmen Saigon Street Eats organisiert kulinarische Führungen in den Gassen von Ho-Chi-Minh-Stadt und bringt einen zu Straßenverkäufern und Frischemärkten sowie an Orte, die man ohne Führer nie entdeckt hätte. Auf Wunsch können auch vegane Führungen arrangiert werden. *www.saigonstreeteats.com*

**Vietnamesisch kochen**
Ein Kurs an der Green Bamboo Cooking School in Hoi An beginnt mit einem morgendlichen Marktbesuch, um frische Zutaten zu kaufen. Dann zeigt der Koch Van den Teilnehmern, wie man authentische vietnamesische Gerichte zubereitet, darunter mehr als zwölf vegane Optionen. *www.greenbamboo-hoian.com*

## KLEINE SPRACHKUNDE

Jeder versteht hier »ăn chay« (»vegetarisches Essen«). Wenn es genauer sein soll, sagt man »tôi ăn chay« (»Ich esse vegetarisch«) oder man bittet um etwas »không« (ohne) »trứng« (Ei), »sữa« (Milch), »thịt« (Fleisch) und »cá« (Fisch).

Links: Für einen schnellen, frischen Imbiss auf einem vietnamesischen Markt macht man es sich auf einem Platz im Freien gemütlich.

## LANDESKÜCHE

In vielen vietnamesischen Städten und Ortschaften gibt es vegane Cafés und Restaurants, in denen die Mahlzeiten nicht nur preiswert, sondern auch köstlich sind. Auch Restaurants für Allesesser stellen einem fast immer etwas Veganes zusammen, man sollte aber darauf achten, dass nicht die überaus beliebte *nước mắm* (Fischsauce) darin verwendet wird. Am häufigsten bekommt man veganes Essen am 1. und 15. Tag des Monats – also bei Neumond und Vollmond –, da dann viele vietnamesische Buddhisten keine Fleischprodukte essen und sogar viele nicht-vegetarische Restaurants ihre Speisen auf vegan umstellen. Auch in der Nähe buddhistischer Tempel findet man oft vegane Lokale.

## Top-Restaurants

**HUM VEGETARIAN, HO-CHI-MINH-STADT**

Hier sitzen die Gäste wahlweise draußen in einem hübschen Garten mit kleinen Lotusteichen oder drinnen in einer entspannenden Umgebung und lassen sich mit wunderschön präsentierten vegetarischen oder veganen Gerichten aus frischen Zutaten verwöhnen. Zur Wahl stehen etwa Salate mit Pomelo, Bananenblüten oder Goabohnen, Bittermelonen-Suppe und Grüne und Rote Currys. *www.humvietnam.com*

**LIEN HOA, HUE**

In Vietnams ehemaliger Kaiserstadt überschneiden sich kaiserliche und vegane kulinarische Traditionen. Dieses vegane Restaurant ist sehr beliebt bei buddhistischen Mönchen. Zu den bemerkenswert preiswerten Gerichten gehören Frühlingsrollen, Aubergine mit Ingwer, Nudelteller, knusprig gebackene Jackfrucht und regionales Bier. Das Personal spricht kein Englisch, aber die Speisekarte enthält Übersetzungen.

# ENTSPANNUNG

**GRÜNER TIPP**

Achtung: Gemüse wird oft mit Garnelenpaste gewürzt und heißt dann *Sera* oder *Terasi*. Der Geruch ist ziemlich intensiv, daher merkt man es meist sofort.

## Praktisches

Süd-Bali (vor allem Seminyak und Canggu), Ubud, Amed, Singaraja/Lovina.

Am Strand ist leichte Kleidung okay, aber für den Besuch von Tempeln sollte man etwas Längeres dabeihaben. Auf jeden Fall gilt es, eine Regenjacke einzupacken und feste Schuhe für Wanderungen.

Aufgrund des tropischen Klimas sind Obst und Gemüse das ganze Jahr über superfrisch. Im Sommer (Juli und August) ist es besonders sonnig und trocken, aber auch sehr voll. In den Nebensaisons (April bis Juni, September) ist es weniger heiß und etwas ruhiger.

$ $

# Bali

**Auf Bali trifft ein moderner grüner Lebensstil auf eine uralte indonesische Kultur. Hier beginnt man den Tag mit Bananen-Pancakes und Kokoskefir in einem hippen veganen Café und lässt ihn mit Tempeh-Spießen an einem Streetfood-Stand ausklingen.**

Seit Jahrzehnten zieht Bali Reisende an, die auf der Suche nach Höherem sind und die Tempel in den heiligen Bergen der Vulkaninsel besuchen. Farbenprächtige Blütenopfergaben zieren jede Türschwelle dieser sakralen Bauten. Darüber hinaus kann man im warmen Ozean neben Meeresschildkröten schwimmen und an schwarzen Stränden den Sonnenaufgang bewundern, bevor man durch die smaragdgrünen Reisfelder und den vom Kreischen der Affen widerhallenden Dschungel wandert. Und man findet hier eine wachsende Palette von Wellnessangeboten – von Saftfastenkuren über ayurvedische Massagen bis hin zu Heilungsritualen und Retreats.

Für Veganer ist die Insel ein doppeltes Paradies, denn auf fast jeder Speisekarte findet man hier etwas Geeignetes. Auf Bali hat man die Wahl zwischen Dutzenden veganer Cafés im internationalen Stil – mit Angeboten wie Smoothies mit Spirulina, Hummus mit Sprossen, Pizza mit Cashew-Käse –, oder man geht in ein veganfreundliches balinesisches Restaurant. Tofu und Tempeh sind Grundnahrungsmittel, Milchprodukte selten, und die Märkte strotzen nur so vor tropischen Früchten wie Mangostan, Zimtapfel, Jackfrucht und Ananas. Bei so vielen veganen Inselbesuchern sind die Restaurants vertraut mit deren Wünschen und erfüllen sie sehr gerne.

Vorhergehende Doppelseite: Der Weg zu The Yoga Barn in Ubud ist von üppigem Grün umgeben; eine Meditierende findet am Strand auf Bali ihre Mitte. Gegenüber: Hübsch dekoriertes Frühstück im Peloton in Canggu. Oben: Relaxen im Öko-Hotel The Chillhouse in Canggu.

## Traumhafte Unterkünfte

**Puri Ganesha**
In einer ruhigen Ecke von Nordwest-Bali stehen diese strohgedeckten Luxusvillen, deren antike Tagesbetten einen Blick über tropische Gärten bieten. Die Besitzerin und Köchin, Autorin eines Rohkostbuches, verwöhnt ihre Gäste mit Köstlichkeiten aus regionalen Zutaten.
*www.puriganesha.com*

**The Chillhouse**
Vegane Surfer können in diesem gemütlichen Öko-Hotel in Canggu Unterkunft und Surfkurs buchen. Man stärkt sich mit *Cassava* und frischem Obst, schlendert zum Surfunterricht an den Strand, kommt für eine Yogastunde zurück und genießt Vegetarisches mit veganen Optionen.
*www.thechillhouse.com*

## BESONDERE ERLEBNISSE

**Seine spirituelle Seite entdecken**
Nach dem Aufwachen am noch kühlen balinesischen Morgen macht man sich auf den Weg zu The Yoga Barn in Ubud, um in dem luftigen, runden Studio eine Stunde lang die Sonne zu begrüßen. Das Zentrum bietet diverse Arten spiritueller Übungen an, darunter Kurse in Qi Gong, Astrologie und tibetanischer Meditation mit Klangschalen. Nach den Kursen kann man sich im Café mit einer Auswahl veganer Speisen stärken, von Lasagne mit Cashew-Käse bis hin zu Salaten.
*www.theyogabarn.com*

**Kochen und essen auf Balinesisch**
In Seminyak lernt man in der Kin Vegan Cooking Class köstliche balinesische Gerichte zuzubereiten, zum Beispiel Tempeh-Curry, Tofu-Plätzchen mit Erdnusssauce und gedämpftem Kürbis. Gekocht wird in kleinen Gruppen in einer luftigen Außenküche; nach vier Stunden gemeinsamen Schnippelns, Zermahlens, Umrührens und Bratens isst man mit neuen Freunden in netter Runde.
*www.kinvegancookingclass.com*

**Den neuesten Blockbuster gucken**
Gebuttertes Popcorn gibt es nicht im Paradiso Ubud, einem Kino mit veganem Café inklusive Boutique mit veganen Produkten. Stattdessen kann man auf seine Kino-Snacks herzhafte Nährhefe oder süßen Kakao streuen und dazu vegane Eiscreme schlecken. Danach kann man im Café etwas essen oder durch die Boutique mit Kleidung und Accessoires schlendern – nachhaltig und regional hergestellt.
*www.paradisoubud.com*

## KLEINE SPRACHKUNDE

Die am häufigsten gesprochene Sprache des Personals in Balis Reisebranche ist Indonesisch. Vegan auf Indonesisch heißt »vegan«. Für »Ich bin Veganer. Ich esse kein Fleisch, keinen Fisch, keine Meeresfrüchte und Milchprodukte« sagt man »Saya seorang vegan. Saya tidak makan daging, ikan, atau susu.«

Vorhergehende Doppelseite: The Yoga Barn ist ein wahrhaft spirituelles Retreat. Links: Im Paradiso Ubud bekommt man erfrischende und gesunde Fruchtsäfte.

## LANDESKÜCHE

Da in der balinesischen Küche selten Milchprodukte verwendet werden, sind die meisten fleischlosen Gerichte vegan (allerdings muss man auf Fischsauce und Garnelenpaste achten). In den »Warung« genannten Lokalen ist das Essen oft ausgestellt, und man kann sich aussuchen, was man möchte. *Nasi campur,* das indonesische Nationalgericht aus Reis mit Beilagen, ist eine gute Option, vegane Versionen beinhalten zum Beispiel Kartoffelküchlein, Veggie-Curry und mit Kokosnuss bestreute grüne Bohnen. *Gado gado* ist ein Salat aus gedämpftem Gemüse und Tofu mit Erdnussdressing (Ei und Krabbenchips lässt man einfach weg). Und an den Straßenständen gibt es überall Gemüse-Bratlinge.

## Top-Restaurants

**THE SEEDS OF LIFE, UBUD**

Dieses Rohkostrestaurant in Ubud serviert besonders kreative vegane Gerichte: fermentierte Gemüse-Burger, cremige *Laksa*-Suppe mit Zucchini-Spaghetti und rohe Rote-Bete-Ravioli. Das Lokal ist auch bekannt für seine raffinierten Wellness-Drinks mit Zutaten wie Pfingstrosenwurzeln und Tragant.

*https://theseedsoflifecafe.com*

**PELOTON SUPERSHOP, CANGGU**

Dieses fröhliche Restaurant beweist, dass veganes Essen auch Seelenfutter sein kann. Hier gibt es Wohlfühlessen wie Waffel-Pommes, Soja-Schnitzel und Brownies.

*www.pelotonsupershop.com*

**KOKOLATO, UBUD**

Die veganen Eisspezialitäten dieses Herstellers bekommt man in Restaurants im ganzen Land. Geschmacksrichtungen sind etwa Rohkakao und Kurkuma-Ingwer-Limette.

*www.kokolato.com*

**GRÜNER TIPP**

Japans große Menge an Supermärkten kann Veganern den Tag retten, wenn man kein geeignetes Restaurant findet. *Onigiri* (Reisbällchen), gefüllt mit *Umeboshi* (eingelegten Pflaumen), ergeben auch eine sättigende Mahlzeit.

## Praktisches

Tokio, Kyoto, Osaka, Okinawa.

Das Packen hängt von Jahreszeit und Aufenthaltsort ab: Der Winter in Sapporo kann extrem kalt sein, der Sommer in Okinawa tropisch. Auf dem Land ist seriöse Kleidung angebracht.

Skilaufen kann man von November bis April auf Hokkaido. Tauchen und Schnorcheln von Juli bis Oktober im Meer vor Okinawa. Kirschblütenzeit in Tokio und Kyoto ist im März und April – dann wird es voll. Erntezeit für Erdbeeren ist von Mai bis Juni, für Äpfel von September bis November.

$ $ $

# Japan

***Reisende in Japan können sich an der Liebe zum Detail und der Ästhetik erfreuen. Ob es um das Verpacken eines Geschenks, die Zubereitung einer Tasse Tee oder das Schnibbeln eines Gurkensalates geht, alles wird mit größter Sorgfalt ausgeführt.***

Im Garten eines tausend Jahre alten Tempelkomplexes mit einer Eistüte in der Hand entspannen; in einem Rohkostrestaurant im 68. Stockwerk eines Hochhauses in Tokio essen, während die Neonreklamen draußen so hell leuchten, dass man nicht weiß, ob es Tag oder Nacht ist; durch einen stillen, von Regentropfen glitzernden Zedernwald wandern und sich dann in einem Landgasthaus mit einem heißen Tofu-Eintopf aufwärmen; an einem weißen Strand liegen und aus einer frischen Kokosnuss trinken, wenn einem die tropische Sonne zu heiß wird – dies sind einige der Freuden, die man erwarten kann, wenn man als Veganer die vier Hauptinseln Japans bereist.

Zugegeben – in Japan ist es für Veganer nicht immer einfach, alle Wünsche erfüllt zu bekommen, vor allem wegen der Sprachbarriere und der überall verwendeten Fischsauce. Aber mit Cleverness und Planung kann man hier mit einigen der erlesensten pflanzenbasierten Speisen seine Geschmacksknospen kitzeln. Japan hält sein Obst und Gemüse in Ehren – hier wird schon mal eine Melone für 100 Dollar und mehr versteigert, und die Regierung empfiehlt, bis zu 13 Portionen Gemüse pro Tag zu essen.

Gegenüber: In Japan liegt man mit Tofu immer richtig. Unten: Der Sonnenuntergang hinter dem 49 Meter hohen Hōkan-ji-Tempel (Yasaka-Pagode) in Kyoto ist ein unvergesslicher Anblick.

**Traumhafte Unterkünfte**

**Koyasan Onsen Fukuchiin**
In diesem ruhigen *Ryokan* (ein traditionelles japanisches Hotel) in einem 1200 Jahre alten Tempel auf dem Berg Koya gibt es *Tatami*-Matten auf dem Boden, heiße Quellen zum gemeinsamen Abtauchen und köstliches buddhistisches vegetarisches Frühstück und Abendessen. Die sorgfältig gestalteten Gärten sehen im Schnee besonders schön aus.

**Vegan Minshuku Sanbiki Neko**
Die australischen Besitzer dieses freundlichen Bed & Breakfast in einer ruhigen Gegend des historischen Higashiyama-Viertels in Kyoto versorgen vegane Reisende gern mit Auskünften. Nach einer Dusche mit tierleidfreien Toilettenartikeln genießt man hier ein köstliches veganes Frühstück. *www.veganminshuku3neko.com*

## BESONDERE ERLEBNISSE

**Von Tempel zu Tempel wandern**
Auf Shikoku, der kleinsten der vier Hauptinseln Japans, wandern Tausende *Henro* (Pilger), oft in weißer Kleidung und mit Strohhüten, zwischen 88 uralten Tempeln. Sie folgen dem legendären Weg des Mönches Kōbō Daishi (774–835). Einige der Tempel bieten auch Unterkünfte und vegane Mahlzeiten an. Für den Fernwanderweg benötigt man zu Fuß fast zwei Monate, man kann aber auch Teiletappen davon gehen.

**Morgendliche Obstauktionen erleben**
Tokios brandneuer Toyosu Market ersetzt den legendären Tsukiji-Fischmarkt, berühmt für seine Thunfischauktionen vor Sonnenaufgang. Aber wie ehemals auf dem Tsukiji gibt es auch auf dem Toyosu Auktionen, die einen sehr guten Einblick in die ihr Obst verehrende japanische Kultur ermöglichen. Man steht auf, während die Stadt noch schläft, und sieht von den Zuschauerbereichen aus zu, wie Melonen, weiße Erdbeeren und riesige Äpfel zu Traumpreisen versteigert werden.

**In heißen Quellen entspannen**
Ein *Onsen* (heiße Quelle) zu besuchen, ist die urjapanische Art, um zu relaxen. Aus diesen Quellen werden einfache Pools oder auch erlesene Spas gespeist. Die *Onsen* sind nach Geschlechtern getrennt, und man trägt spezielle Kleidung. Die besten befinden sich in den Bergen, wo man in der nach Zedern duftenden frischen Luft in den Becken badet.

## KLEINE SPRACHKUNDE

Am besten druckt man sich eine Karte mit den Zeichen »私はビーガンです。私は一切の肉、鶏肉、魚、もしくはシーフード、また乳製品、卵、ハチミツなどを含む一切の動物に由来するものを食べません« aus. Das heißt: »Ich bin Veganer. Ich esse kein Fleisch, Geflügel, Fisch oder Meeresfrüchte oder Tierprodukte wie Milchprodukte, Eier und Honig«.

Links: Nach dem Besuch des berühmten Shintō-Schreins Fushimi Inari-Taisha in Kyoto kann man einen Teller mit *Oyaki,* Nudeln und Tofu im veganen Restaurant Minshuku Sanbiki Neko genießen.

## LANDESKÜCHE

⋙⟶ Das stets vegane *Shōjin ryōri* der traditionellen japanisch-buddhistischen Küche bekommt man häufig in Tempelrestaurants. Oder man isst veganes Sushi, gefüllt mit Gurke, eingelegter Pflaume oder Bambus. Viele *Yakitori*-Restaurants (*Yakitori* sind gegrillte Spieße) haben vegetarische Optionen, die Sauce lässt man einfach weg. Traditionelle Desserts sind häufig vegan, und Soja-Eiscreme gibt es fast überall. Etwas knifflig ist die Vermeidung von Dashi, denn dieser Fischsud würzt fast alles, von Saucen über Reis bis hin zu Pfannkuchenteig. *Katsuobushi* (Flocken aus getrocknetem Thunfisch) werden über viele herzhafte Gerichte gestreut, und japanisches Brot enthält oft Milch oder Eier.

## Top-Restaurants

**T'S TAN TAN, TOKIO**
Eine Schale *Ramen* zu schlürfen, gehört zu den typisch japanischen Genüssen, aber man findet die Brühe selten ohne Fisch, Rind- oder Schweinefleisch. Das T's Tan Tan im Hauptbahnhof von Tokio ist allerdings vegan und bietet sehr schmackhafte Suppen auf Sesambasis mit Nudeln, Karotten und Daikon-Rettich an.

**SHIGETSU, KYOTO**
Dieses mit *Tatami*-Matten ausgelegte Restaurant auf dem Gelände des Tenryū-ji-Tempels serviert traditionelle japanisch-buddhistische Küche. Man bekommt eine Reihe leckerer kleiner Gerichte, wie etwa Sesam-Tofu mit geschmorten Pilzen oder Misosuppe (nur mittags geöffnet).
*www.tenryuji.com/shigetsu*

**GREEN EARTH, OSAKA**
In diesem schon lange bestehenden Lokal kann man mittags und abends preiswert Soja-Burger, Pizza oder Curry nach japanischer Art essen und danach köstlichen Soja-Käsekuchen genießen.
*www.osaka-vegetarian-ge.com*

**GRÜNER TIPP**

»Öko-Tourismus« bedeutet nicht unbedingt »veganfreundlich«. In Skandinavien können zu Öko-Touren auch Angeln, Hundeschlitten-Fahrten und sogar das Fangen von Moorhühnern mit der Schlinge gehören. Also vorher gut informieren!

## Praktisches

Reykjavik (Island); Malmö, Stockholm, Göteborg (Schweden); Kopenhagen (Dänemark); Helsinki (Finnland); Oslo (Norwegen).

Wasserfeste Jacken, im Winter Zwiebelkleidung, Mütze und Handschuhe. Im Sommer etwas gegen Mücken und vielleicht Schlafmasken wegen der Mitternachtssonne.

Im Juli und August ist in Lappland Moltebeeren-Ernte und der »Königin unter den Wildbeeren« wird gebührend gehuldigt. Im Winter gibt es Weihnachtsmärkte, *Glögg* (Glühwein) und das Nordlicht; Nachteile sind eisige Temperaturen, kurze Tage und eine fleischlastigere Küche.

$ $ $

# Nordische Länder

***Unberührte Seen und Wälder laden dazu ein, sich in die Natur zu versenken, und märchenhafte Fjorde und Gletscher befeuern die Fantasie. Die weite Natur Nordeuropas ist Balsam für die Seele, und in den Städten ist der Veganismus auf dem Vormarsch.***

Die endlos weiten Landschaften der nordischen Länder lassen einen ehrfürchtig werden, und wenn man auf den Gletscher Sólheimajökull in Island klettert, ist der einzige Soundtrack das Knirschen des Eises unter den Stiefeln. Oben genießt man dann den atemberaubenden Blick auf Norwegens Preikestolen – und das Flackern der Aurora borealis in einer Winternacht, das sich jeder Beschreibung entzieht. Die außergewöhnliche Schönheit dieser Landschaften hat etwas Kontemplatives, und weil die Einheimischen die Natur lieben und respektieren, fühlen sich Veganer hier schnell zu Hause. Allerdings können Aspekte der nordischen Kultur gerade für Veganer eine Herausforderung darstellen. Zum Beispiel dienen in vielen Restaurants Tierfelle als Dekoration. Aber immer häufiger isst man auch hier fleischlos, vor allem in den Städten. Eine ständig wachsende, hippe Café-Szene hat die Pflanzenmilch für sich entdeckt. Auch die viel gelobten »New Nordic«-Restaurants servieren immer öfter Veganes.

Sogar die weltbekannten skandinavischen Designer produzieren immer häufiger tierleidfrei und nachhaltig. Vegane Kleidungslabel sind etwa Thrive in Göteborg und Woron in Kopenhagen. Und wer sich ein bleibendes Andenken wünscht: In Schweden gibt es etwa ein Dutzend Tattoo-Künstler, die mit veganer Tinte arbeiten, die meisten davon in Malmö und Stockholm.

Gegenüber: Die ganze Pracht der Nordlichter kann man vom Goðafoss-Wasserfall in Island aus bewundern.
Oben: Eine Sauna in Finnland lädt am Ufer eines Sees zum Schwitzen ein.

**Traumhafte Unterkünfte**

**Scandic Hotels**
Diese ökologisch orientierte Hotelkette bietet für Veganer unter anderem pflanzenbasierte Frühstücksoptionen und Burger. Scandic Hotels gibt es in der ganzen Region, zum Beispiel in Stockholm, Oslo und Helsinki, alle mit klar und modern eingerichteten Zimmern. *www.scandichotels.com*

**Guldsmeden Hotels**
Diese stylishe Öko-Hotelkette bietet vegane Frühstücksoptionen an und wird strengen Nachhaltigkeitsprüfungen unterzogen. Jedes Zimmer sieht hier anders aus. Es gibt die Hotels unter anderem in Oslo, Reykjavik, Kopenhagen und Aarhus. *www.guldsmedenhotels.com*

**Lilla Sverigebyn**
Ein veganes, kinderfreundliches Resort mit frei laufenden Tieren in der Nähe von Vimmerby, einer der ältesten Städte Schwedens. Die Hütten sind spartanisch, aber die Umgebung ist zauberhaft. Nur im Sommer geöffnet. *www.sverigebyn.se*

## BESONDERE ERLEBNISSE

**Früchte selbst pflücken**
Einen Korb mit Äpfeln oder Heidelbeeren zu füllen, wirkt meditativ. Die Bio-Farm Rosenhill mit Café liegt westlich von Stockholm und ist mit öffentlichen Verkehrsmitteln in einer Stunde erreichbar. Im Oktober ist Apfelernte. In Lappland organisiert Visit Ranua einen Guide zum Beerenpflücken. Mit einem Kopfnetz kann man sich gegen die Mücken schützen, die in der Heidelandschaft auf der Lauer liegen. *www.rosenhill.nu; www.visitranua.fi*

**Seinen grünen Daumen schulen**
Die Schweden lieben Bio-Essen, das direkt vom Feld auf den Tisch kommt. Im Rosendals Trädgård kann man sich bei einem Kurs in nachhaltigem Gärtnern schulen, zwischen Rosenbüschen und Gemüsereihen umherschlendern und im Café die frisch geernteten Feldfrüchte genießen. *www.rosendalstradgard.se*

**Zelten in der freien Natur**
Das »Jedermannsrecht« erlaubt es in den nordischen Ländern (außer in Dänemark), auf respektvolle Art in der freien Natur zu campen – was durchaus dem veganen Ethos entspricht. Wildes Campen ist erlaubt, aber man sollte sich vorher über die Bedingungen informieren. Auf Island darf man auf nicht kultivierten Flächen für eine Nacht ein Zelt aufschlagen, wenn es in der Nähe keinen Campingplatz gibt. Ob man nun auf einem schwarzen Sandstrand in Island campt oder in einem finnischen Wald – die Wetterbedingungen sind von Juni bis in den späten August am besten.

## KLEINE SPRACHKUNDE

Bevor man »Jeg er veganer« (Norwegisch), »Olen vegani« (Finnisch) oder »Jag är vegan« (Schwedisch) lernt, erst mal entspannen! Hier spricht fast jeder fließend Englisch, und mit Veganismus kennen sich die meisten aus. Im Zweifelsfall hilft die App Vegan Norway (*www-vegannorway.com*).

Vorhergehende Doppelseite: Saunagänger kühlen sich in Finnlands Saimaa-See ab. Links: In der ganzen Region gibt es viele Orte, an denen man campen und sich selbst verpflegen kann.

## LANDESKÜCHE

Die Highlights unter Schwedens veganen Städten sind Stockholm, Göteborg und Malmö. Hier findet man in Bäckereien und Cafés häufig veganes *Smörgåsbord* (traditionelles Buffet). Dänemarks berühmte »New Nordic«-Küche, die oft in der freien Natur gesammelte Zutaten verarbeitet, kreiert immer mehr vegane Variationen. In den meisten Cafés in Helsinki gibt es pflanzliche Milch, und auf vielen Speisekarten steht *Nyhtökaura,* ein aus Getreide hergestellter Fleischersatz. Falafel sind weit verbreitet und meist vegan, und einige Hot-Dog-Stände bieten Tofu-Optionen an. In Lappland und Island (außerhalb von Reykjavik) sehen viele Menschen tierische Fette als unerlässlich an, um die harten Winter zu überstehen, daher sind vegane Optionen hier seltener.

## Top-Restaurants

**FEMTOPIA, STOCKHOLM, SCHWEDEN**

In diesem Zentrum für feministischen und LGBTIQ-Aktivismus mit veganem Café gibt es pflanzenbasiertes Gebäck, und man kann sich unter nonkonformistische Menschen mischen. *www.femtopia.squarespace.com*

**URTEN, KOPENHAGEN, DÄNEMARK**

In diesem gemütlichen veganen Restaurant dominieren saisonale Gemüse und aromatische Kräuter die Speisekarte, zum Beispiel gefüllte Zucchini, gebackener Rhabarber und Pilze. *www.urtenvegan.dk*

**FARANG, HELSINKI, FINNLAND**

Das Farang bietet südostasiatische, feine Küche mit Anspruch auf besonders kunstvoll zubereitete Gerichte an. Bei Vorbestellung werden die Speisen auch veganfreundlich zubereitet. *www.farang.fi*

**GRÜNER TIPP**

Vegane Versionen der käselastigen Spezialitäten der Schweiz kann man selbst zubereiten – von der Firma Vegusto gibt es vegane Alternativen für Raclette- und Fondue-Käse. Viele Käsehändler verleihen die nötigen Geräte.

*www.vegusto.ch*

## Praktisches

Zürich, Lausanne (Schweiz); Comer See, Triest, Turin (Norditalien).

Hier ist stylishe Outdoor-Kleidung richtig: Feste Laufschuhe, Yoga- und Wandersachen. Bei diesem Trip ist wahrscheinlich teils Selbstversorgung angesagt – also den Korkenzieher nicht vergessen.

Beliebt ist der Hochsommer, aber im Frühling und Herbst ist es oft auch sonnig und nicht so überfüllt, und im September findet in Bologna das VeganFest statt. Die norditalienischen Seen sollte man lieber unter der Woche besuchen, am Wochenende wimmelt es dort von mailändischen Besuchern. Schnee liegt in den Skiorten von Dezember bis März.

$ $ $

# Schweiz & Norditalien

***Die Schweiz gleicht einer Fantasy-Landschaft voller Dörfer mit hübschen kleinen Häusern unter wolkenverhangenen Bergspitzen; Norditalien verführt mit Seen und Skiorten, idyllischen Weingütern und veganfreundlichen Städten.***

Für gestresste Reisende bedeutet die Ankunft in der Schweiz sofortige Entschleunigung. Lausanne und Montreux am Ufer des Genfer Sees etablierten sich im 19. Jahrhundert als vornehme Erholungsorte; hier kann man sich in Spas verwöhnen lassen, bevor man durch die malerischen Straßen und am Seeufer entlangschlendert. Weiter östlich liegen das anmutige Luzern und das schicke Zürich, beide mit veganen Cafés mit multikulturellen Gastronomie-Angeboten. Wo auch immer man sich in der Schweiz befindet, die wunderschönen Aussichten üben einen erholsamen Zauber aus. In Zermatt kann man in einem Infinity Pool die Berglandschaft genießen, in St. Moritz Kräuterlikör probieren oder in Genf ein veganes Sandwich kaufen und mit Blick auf die Fontänen des Jet d'Eau picknicken.

Auf der italienischen Seite liegt inmitten des Weinanbaugebiets Piemont das zunehmend veganfreundliche Turin. Weiter in Richtung Osten kann man die tiefen, kobaltblauen italienischen Bergseen bewundern. Auf dem Wanderweg Sentiero del Viandante spaziert man eine Strecke am Comer See entlang, in der Hand ein veganes Eis, am Lago Maggiore geht es vorbei an eleganten Villen. In Triest genießt man auf der Piazza dell'Unità d'Italia die frische Meeresbrise und leckere Pizza Marinara.

Gegenüber: Varenna am Ufer des Comer Sees. Oben: Die Aussicht auf das entspannte Turin mit seinem Wahrzeichen Mole Antonelliana.

Traumhafte Unterkünfte

**Hotel Schwarzschmied**
In diesem Vier-Sterne-Wellness-Hotel in Südtirol wohnt man in lichtdurchfluteten Zimmern und kann bei Yoga den Körper trainieren und den Geist zur Ruhe kommen lassen. Das Slow-Food-Restaurant La Fucina bietet veganes Frühstück und täglich ein veganes Abendessen an. *www.schwarzschmied.com*

**Hotel Swiss**
Das umweltbewusste Hotel im Zentrum von Kreuzlingen liegt nur einen Katzensprung vom Bodensee entfernt und ist 100 Prozent vegan. Dort zaubert Küchenchef Raphael Lüthy im Gourmet-Restaurant (nur freitagabends geöffnet) Drei- bis Fünf-Gänge-Menüs, dazu gibt es veganen Wein.
*www.hotelswiss.info*

**Hotel Gabry**
Das nur wenige Schritte vom Gardasee entfernte ökologische Hotel Gabry serviert selbst gemachtes veganes Backwerk, Sojajoghurt und Pflanzenmilch. Der Pool hat einen Mosaikboden und der Spa-Besuch ist inklusive.
*www.hotelgabry.com*

## BESONDERE ERLEBNISSE

**Balsam für Körper und Seele**
Die Berge dieser Region sind genau der richtige Hintergrund für regenerierende Anwendungen. Thermalbäder wie die Terme di Premia in Norditalien bieten Hydromassage und Whirlpools an. Eine andere lohnende Adresse ist das Spa-Hotel Botango in Südtirol mit Dampfbad und finnischer Sauna. Hier gib es sogar ein »Langschläfer-Frühstück« (vegan mit Vorbestellung). Zur Selbstoptimierung bietet das Queen of Retreats in malerischer alpiner Umgebung Programme an, um den Körper in Form zu bringen und den Geist zu klären. *www.premiaterme.com; www.botango.it; https://queenofretreats.com*

**Vegane Weinproben**
Es sollen hier nicht die gruseligen Details von Fischleim, Eiklar und Gelatine ausgebreitet werden, mit denen Wein oft behandelt wird. Im Venturino Vini im Piemont kann man aber sicher sein, dass sämtliche edlen Tropfen zertifiziert vegan sind – vom rubinroten Grignolino bis hin zum perlenden Rosé. Eine Weinprobe in dieser familiengeführten, seit 1928 existierenden Kellerei sollte man ein paar Tage im Voraus buchen. Das Gut liegt 85 Straßenkilometer von Turin entfernt.
*www.venturinovini.com*

**Entspannter Wassersport**
Man muss sich nicht verausgaben, um auf den italienischen Seen Sport zu treiben. Auf dem Comer See wird in einem Zweierkajak die Anstrengung halbiert, oder man mietet sich ein Segelboot. Auch Gewässer in der Schweiz wie etwa der Genfer See laden zu »Slow Living« ein.

## KLEINE SPRACHKUNDE

Mit »Sono vegana.« (oder männlich »vegano«) sagt man auf Italienisch, dass man Veganer ist. »Ci sono delle uova?« (»Sind da Eier drin« ist nützlich, um Nudeln oder Saucen mit Ei zu vermeiden. In der französischen Schweiz heißt Veganer(in) »végétalien(ne)«.

Links: Vegane Maislasagne (oben) und sardische Wraps stehen auf der Speisekarte des Mezzaluna in Turin.

## LANDESKÜCHE

In Norditalien ist Polenta eine Kunstform, und die weißen Trüffel aus Alba sind eine fast schon spirituelle Erfahrung. Die dick mit Knoblauch und Tomaten belegte Bruschetta, die mit Rosmarin gespickte Focaccia und Pizza Marinara sind meist ohnehin vegan, der Teig sollte nichts als Mehl, Hefe, Wasser und Salz enthalten (aber besser nachfragen). Schweizer Gerichte enthalten sehr oft reichlich Käse, aber Rösti ist eine gute vegane Option, wenn sie in Öl gebraten und mit Äpfeln, Zwiebeln oder Kräutern anstatt mit Speck zubereitet wird. In Städten wie Lausanne, Bern und Zürich gibt es immer mehr vegane Cafés. Auch äthiopische und indische Restaurants servieren häufig vegane Gerichte.

## Top-Restaurants

**MEZZALUNA, TURIN, ITALIEN**

Seit 25 Jahren ist dieses Restaurant berühmt für seine Esskastanien-Gnocchi und seine Omeletts aus Kirchererbsenmehl. Deftige vegane Versionen traditioneller italienischer Küche wie *Cuculli* (Bratlinge) und Pasta Carbonara mit Räuchertofu haben es zu einem veganen Tempel gemacht.
*www.mezzalunabio.it*

**BEETNUT, ZÜRICH, SCHWEIZ**

Das Beetnut – eines der besten veganen Züricher Cafés – hat neben der grünen Speisekarte auch eine grüne Ausstattung. Auf der Speisekarte stehen Buddha Bowls, Stullen mit Avocadomus, Schoko-Bananen-Toast und gesunde Smoothies.
*www.beetnut.com*

**WELCOME BISTROT, TRIEST, ITALIEN**

Dieses Bistro mit originell zusammengestellter Ausstattung serviert preiswertes veganes Essen, von Rote-Bete-Hummus bis hin zu Piadine (gefülltes Fladenbrot). *www.facebook.com/WelcomeBistrot*

# KULTUR

**GRÜNER TIPP**

»Vegan«, »vegetarisch« und sogar »biologisch« können hier schon mal verwechselt werden. In Apotheken und Bio-Läden kann man Veganes bekommen, aber man sollte sichergehen, dass die Produkte nicht aus der falschen Kategorie stammen.

## Praktisches

Budapest (Ungarn); Prag (Tschechien); Warschau (Polen); Tallinn (Estland); Bratislava (Slowakei), Vilnius (Litauen).

Feste Schuhe sind gut für die oft gepflasterten Straßen, für Bars sollte man Elegantes mitnehmen, für Picknicks Besteck. Wegen der unterschiedlichen Sprachen ist eine Übersetzungs-App praktisch.

An milden Sommer- und Herbsttagen gibt es auf den Märkten Erdbeeren (schon im Mai), Kirschen, Himbeeren und Stachelbeeren. Während der österlichen Fastenzeit servieren viele Restaurants in Serbien, Montenegro, Rumänien und Russland fleischfreie Gerichte.

$ $

# Mittel- und Osteuropa

***Das mittlere und östliche Europa verfügt über eine faszinierende Mischung: Da gibt es mittelalterliche Dörfer mit Kopfsteinpflaster und moderne Städte mit imposanten Skylines – und die regionalen Küchen sind ebenso spannend. Der traditionell fleischlastigen Esskultur stehen immer mehr pflanzenbasierte Restaurants gegenüber.***

Ein guter Start, um in das bunte Mosaik der Kulturen Osteuropas einzutauchen, ist ein Besuch in den Hauptstädten der Tschechischen Republik., der Slowakei und Ungarns. Im kosmopolitischen Prag etwa kann man sich mit einem veganen Burger stärken und die berühmte Karlsbrücke sowie die gotischen Türme der Teynkirche bewundern. Bratislava wird von einem Schloss gekrönt und seine bezaubernde Altstadt ist voller Cafés, einige davon Veganer-Paradiese. Im romantischen Budapest mischen sich Barock und Jugendstil, nachts pulsiert dort in den kultigen »Ruinenbars« das Leben, und es gibt sogar veganes Gulasch. Auch Polens Architektur- und Kunstschätze verdienen Beachtung, besonders sehenswert sind in Krakau der Wawel, eine Burganlage, in Breslau das 114 Meter lange Gemälde »Panorama von Racławice« und in Warschau das Palastmuseum Wilanów. Diese drei Städte haben kleine, aber florierende vegane Szenen. Auch in Lwiw in der Ukraine gibt es viele pflanzenbasierte Restaurants. Weiter nördlich in Vilnius und Tallinn hat die Tradition, Lebensmittel frisch vom Feld auf den Tisch zu bringen, zu einem großen veganen Angebot geführt. Die moderaten Preise in Osteuropa gestatten es, weit zu reisen und gut zu essen, ohne das Budget zu überziehen.

Vorhergehende Doppelseite: Ein Boot gleitet am Taj Mahal in Agra, Indien, vorbei. Gegenüber: Abendessen im Vegan Restoran V in Tallinn in Estland. Oben: Im Vegan Restoran V gibt es Seitan-Quinoa-Burritos mit Mangosauce.

## Traumhafte Unterkünfte

**Falkensteiner Hotels & Residences, Slowakei & Tschechien**
Diese modernen Unterkünfte in Bratislava und Prag bieten ein reichhaltiges Frühstücksbuffet mit vielen pflanzlichen Produkten; bei Vorbestellung auch vegan. *www.falkensteiner.com*

**Marta Guesthouse, Estland**
Dieses gemütliche Gästehaus liegt südlich von Tallinns mittelalterlicher Altstadt. Es rühmt sich, das erste vegane Gästehaus in der estnischen Hauptstadt zu sein, und hat einen idyllischen Garten zum Entspannen. *www.martaguesthouse.eu*

**Hotel Radharanė, Litauen**
Dieses gemütliche Hotel verfügt auch über ein litauisch-indisches vegetarisches Restaurant. Morgens gibt es ein vegetarisches Frühstück (auf Anfrage auch vegan) und zum Lunch Samosas, Tofu-Bananen-Dessert und Chai-Tee. *www.radharane.lt*

## BESONDERE ERLEBNISSE

**Über traditionelle Märkte bummeln**
Auf Lebensmittelmärkten lernt man Land und Leute kennen. In Vilnius lohnt sich ein Besuch der Halės turgus, einer beeindruckenden, über hundert Jahre alten Markthalle, in der es sehr gute Saftbars und Bagel-Stände im New Yorker Stil mit veganen Optionen gibt. In Prag werden auf dem Bauernmarkt Náplavka am Ufer der Moldau Obst und Gemüse, Konfitüren sowie Blumen verkauft.

**An kulinarischen Stadtführungen teilnehmen**

Touren mit vier verschiedenen Essensstationen in der von Türmen überragten Hauptstadt Tschechiens bietet I like Veggie an. Die Touren können auf Veganer zugeschnitten werden, unterwegs sieht man Wahrzeichen wie die Prager Rathausuhr. In Ungarns majestätischer Hauptstadt führt Vegan Tour Budapest hungrige Reisende zwischen Foto-Motiven und historischen Schätzen zu veganen Leckereien. *www.ilikeveggie.com; www.facebook.com/vegantourbudapest*

**Veganfreundliche Nachtlokale entdecken**
In einer häufig fleischzentrierten Kultur stellt Veganismus auch eine Rebellion gegen den Status quo dar, daher ist es nicht verwunderlich, dass die rein pflanzliche Ernährung auch in hippen Nachtlokalen angekommen ist. In Lwiw ist das Om Nom Nom mit seiner Küche verschiedenster Stile und Livemusik der beste Ort, um in die vegane Szene einzutauchen. In Košice, der zweitgrößten Stadt der Slowakei, serviert das VE.DOM.E Vegánske Bistro pflanzenbasierte Leckereien. *www.facebook.com/omnomnomvegancafe; www.facebook.com/vedome.veganbistro/*

## KLEINE SPRACHKUNDE

In Polen vermeidet man übliche nicht-vegane Zutaten mit der Frage »Czy mogę dostać to bez kwaśnej śmietany?« (»Kann ich das ohne saure Sahne bekommen?«) und »Czy mięso jest używane jako aromat w tej zupie/sosie?« (»Ist in der Suppe/Sauce Fleischbrühe?«).

Links: Der originell gestaltete Hof der »Ruinenbar« Szimpla Kert in Budapest. Unten: Veganes Dessert im Napfényes Étterem, ebenfalls in Budapest.

## LANDESKÜCHE

Ohnehin vegan sind hier mit Kartoffeln gefüllte Klöße oder Kohlrouladen, Rote-Bete-Suppe und saisonale Obst- und Gemüsegerichte. Eine Herausforderung für Veganer stellt die Verwendung von Schweinefleisch »nur für den Geschmack« und saurer Sahne als Garnierung dar. Aber viele veganfreundliche Restaurants haben spezielle Gerichte kreiert. In den Großstädten gibt es eine lebendige vegane Szene, und Cafés mit knusprigen Falafeln findet man oft. Märkte sind am buntesten vom späten Frühjahr bis zum frühen Herbst, aber das ganze Jahr über gibt es Konfitüren und Gelees, außerdem selbst gemachten Cider, Wodka mit Aroma und *Rakija* (Obstbrand).

## Top-Restaurants

**VEGA BAR WEGAŃSKI, BRESLAU, POLEN**

Im veganfreundlichen Breslau (Wroclaw) hat 1987 Polens erstes Veggie- und Veganer-Restaurant eröffnet. Abgewandelte polnische Klassiker sind zum Beispiel die saure Suppe *Żurek* (mit Soja-Wurst) und *Gołąbki* (mit Reis und Gemüse gefüllter Kohl). *www.facebook.com/Vega.Bar.Weganski.Wroclaw*

**NAPFÉNYES ÉTTEREM, BUDAPEST, UNGARN**

Veganes Gulasch mit Klößen, gefüllte Kohlblätter, süßer Nudelkuchen, Vanille-Biskuit ... klassisch ungarische Gerichte vom Feinsten, und Pizza mit veganem Käse. *www.napfenyesetterem.hu*

**VEGAN RESTORAN V, TALLINN, ESTLAND**

Eine kreative Küche mit viel Obst und Gemüse, zum Beispiel »Räucherlachs« aus Karotten, Quinoa-Rüben-Schnitzel und Pavlova mit Avocadocreme. *www.vonkrahl.ee/en/vegan-restoran-v*

## GRÜNER TIPP

Über Indiens vegane Szene kann man sich über Plattformen wie Vegan First und Vegan India informieren. Und man sollte auf vegane Festivals wie The Ahimsa Fest in Mumbai und das Wilderfest in Bengaluru achten. www.veganfirst.com; www.veganindia.net

## Praktisches

Mumbai, Delhi, Pune, Bengaluru, Hyderabad, Goa, Rishikesh, Mysuru.

Für warme Regionen leichte Baumwollkleidung, für Berggegenden warme Kleidung. Ein den Kopf bedeckendes Tuch und Slipper für heilige Stätten, um der Kultur vor Ort mit Respekt zu begegnen.

Von November/Dezember bis März ist Hochsaison mit warmen Tagen und kalten Nächten. In der heißen, schwülen Monsunzeit von April bis Juni ist es preiswerter und nicht so überfüllt. April, August und Oktober können für die Ladakh-Region und den Himalaja gut sein.

$

# Indien

***Indien ist ein Paradies für Vegetarier, aber langsam entwickelt sich auch eine vegane Bewegung. So wird der Subkontinent ein verführerisches Abenteuer für vegane Reisende, die die kulturellen Reichtümer und Naturwunder Indiens kennenlernen möchten.***

Ob zwischen den schneebedeckten Hügeln des Himalaja oder in den feuchtheißen Palmenhainen im Süden – Indien ist ein Fest für alle Sinne und bereits die kulinarische Vielfalt ist ein Magnet für Reisende. Hinzu kommen aufregende Märkte, beeindruckende heilige Stätten und historische Denkmäler, Tausende Kilometer goldener Strände und geschützter Wälder, durch die Tiger und Elefanten streifen, ganz zu schweigen von einigen der schönsten Berglandschaften der Welt und zahllosen Wandermöglichkeiten. So ist es nicht verwunderlich, dass die Heimat des Yoga auf der Liste der Traumdestinationen vieler Reisender ganz oben steht.

Aufgrund der Zugehörigkeit großer Bevölkerungsteile zum Hinduismus, Jainismus oder Buddhismus ist die vegetarische Ernährung in Indien weit verbreitet (und köstlich). Inzwischen gewinnt jedoch auch der Veganismus an Boden. Topziele für Veganer sind Indiens größere Städte (die sich an die Bedürfnisse ihrer zunehmend umweltbewussten Bevölkerung anpassen), zum Beispiel Bengaluru, Mumbai, Delhi und Kochi, und außerdem Orte, die für ihre besonders ausgeprägte Wellness- und Yogaszene bekannt sind, wie etwa Goa, Kerala, Mysuru, Auroville und Rishikesh.

Gegenüber: Die Mogul-Architektur des Roten Forts in Delhi. Oben: Ein Tiger im Bandhavgarh National Park.

## Traumhafte Unterkünfte

**Neeleshwar Hermitage**
Dieses plastikfreie Öko-Luxus-Resort steht an einem goldenen Strand im wenig touristischen Nordkerala. Seine hübsch dekorierten Cottages aus Holz und Stroh wurden nach den Vastu-Shastra-Architekturprinzipien Keralas entworfen. Hier werden Yoga, Meditation, Ayurveda und Kochkurse angeboten, und das Essen reicht von Kokos-Mango-Curry bis hin zu Bowls mit tropischen Früchten. *www.neeleshwarhermitage.com*

**Bean Me Up**
In dem erdfarbenen, für sein preisgekröntes veganes Restaurant (siehe Abbildung gegenüberliegende Seite) berühmten B&B steht das gesunde Leben an erster Stelle. Die individuell ausgestatteten Zimmer liegen inmitten von Kokosnuss-, Mango- und Jackfrucht-Bäumen. Jeden Abend finden Yogakurse statt, und der Shop auf dem Gelände verkauft Fairtrade-Fashion und lokales Kunsthandwerk. *www.beanmeup.in*

## BESONDERE ERLEBNISSE

**Mit einem Profi indisch kochen lernen**
Die Köchin und Kochbuchautorin Anjali Pathak gibt interaktive Kochkurse in einer modernen, eleganten Küche in Khar, Mumbai. Nebenbei erfährt man etwas über die lokale gastronomische Geschichte. Für vegane Abwandlungen vorher mit ihr in Kontakt treten. *www.flavourdiaries.com*

**Authentisch indische Kochevents genießen**
Die Geheimnisse der nach Kokosnuss duftenden Küche Keralas kann man mit der preisgekrönten Autorin und Köchin Nimi Sunikumar in ihrem Zuhause in Munnar hoch oben in den Westghats kennenlernen. Ihre beliebten Kochkurse (Bild) vermitteln praktisches Wissen und können auch für Veganer angepasst werden. *www.nimisrecipes.com*

**Durch Bengaluru spazieren**
Die Autorin und Bengaluru-Expertin Poornima Dasharathi leitet das Team von Unhurried Tours. Das Unternehmen organisiert kulturhistorische Spaziergänge, kulinarische Rundgänge mit veganen Optionen und Fahrradtouren in der indischen Hightech-Hauptstadt. *www.unhurried.in*

**Indiens Geschichte entdecken**
Storytrails mit Hauptsitz in Chennai kombiniert auf urbanen Touren Ortshistorie mit Mythen und bietet eine mit Geschichten gespickte Tour namens »Spice Trail« an (auf Nachfrage auch vegan). Storytrails gibt es auch in Madurai, Puducherry und Thiruvananthapuram. *www.storytrails.in*

**Kulinarische Streifzüge durch Nordindien**
Intrepid Travel organisiert achttägige, extravagante kulinarische Reisen durch Delhi, Agra und Jaipur, mit ausschließlich veganen Mahlzeiten. *www.intrepidtravel.com*

## KLEINE SPRACHKUNDE

Vorsicht bei Currys, sie enthalten oft Sahne und/oder Ghee (geklärte Butter) oder Panir-Käse. Auch Brot und Butter enthalten oft Milchprodukte. Süßigkeiten enthalten oft Milchprodukte. Um seine Essensprinzipien zu vermitteln, kann man sagen: »Main jaanavaron ke utpaad ya shahad nahin khaata.« (»Ich esse keine tierischen Produkte und keinen Honig.«)

Links: Die »Energy Bowl« im Sequel Mumbai. Unten: Die Ausstattung im Bean Me Up in Goa ist genauso pflanzenreich wie das Essen.

## LANDESKÜCHE

→ Indiens Küche ist eine Geschmacksexplosion aus Aromen und Gewürzen, und jede Region hat eigene Spezialitäten. Allerdings ist Veganismus nicht überall geläufig; viele Currys werden mit Ghee angesetzt, und unter »vegetarisch« versteht man ohne Eier, aber oft mit Milchprodukten. Jedoch können viele klassische Gerichte vegan abgewandelt werden, indem man das Milchelement weglässt, zum Beispiel *Thali* (Platte mit gemischten Speisen) ohne Joghurt und Panir. In Südindien sind viele beliebte Gerichte auf Kokosmilch-/-öl-Basis. Ziemlich sicher vegan sind auch *Dhal* (Linsencurry), *Chana Masala* (Kichererbsen-Curry), *Aloo Gobi* (Blumenkohl-Kartoffel-Curry), *Pani Puri* (Teigtaschen), Gemüse-*Biryani* und -*Samosas*.

## Top-Restaurants

**BEAN ME UP, GOA**

In diesem locker-entspannten veganen Restaurant in Goa kann man bei Salaten, Kokosmilch-Smoothies, Dhal und hausgemachtem Tofu-Rührei die wunderbare Gartenatmosphäre mit Strandfeeling genießen.
*www.beanmeup.in*

**SEQUEL MUMBAI**

Der Schlüssel zum Erfolg der beiden Filialen von Sequel Mumbai sind vegane und glutenfreie Zutaten aus Bio-Anbau. Die Palette reicht von Kartoffel-Waffeln mit Kokosjoghurt bis hin zu Safran-Mandelmilch. Ins Leben gerufen hat das Bistro die Superfood-Expertin Vanika Choudhary.
*https://sequelmumbai.in*

**CARROTS, BENGALURU**

*Palak*-(Spinat)-Tofu, *Aloo Tikki* (Kartoffelplätzchen), *Chana Masala* – in Bengalurus veganem Restaurant werden indische Klassiker neu interpretiert. Die Zutaten sind biologisch, möglichst saisonal und regional.
*www.carrots-india.com*

**GRÜNER TIPP**

In Israel veganes Essen zu finden, ist keine Herausforderung. Bei einer so reichen Auswahl sollte man immer nur das Frischeste essen. Auf einem Markt (oder *Shuk*) sieht man, was gerade Saison hat.

## Praktisches

Tel Aviv, Jerusalem, Akko, Amirim.

Israel liegt im von der Sonne verwöhnten Mittleren Osten, aber ein paar längere Sachen für kühle Abende oder heilige Stätten sollte man dabeihaben. Und ein Paar strandtaugliche Sandalen.

Liebhaber von frisch gepresstem Granatapfelsaft kommen im frühen Herbst auf ihre Kosten, im Frühling gibt es gerade enthülste Dicke Bohnen. Regionale und saisonale Früchte und Gemüse kennzeichnen die israelische Küche, überall gibt es sie superfrisch. Der Sommer kann extrem heiß sein.

$ $ $

# Israel

***Israel zieht Geschichtsliebhaber und Sonnenanbeter gleichermaßen an, und seine traditionellen Gerichte Hummus und Falafel machen es Veganern leicht. Zudem hat das Land (vor allem Tel Aviv) in letzter Zeit geradezu einen veganen Boom erlebt.***

Die israelische Landschaft verfügt trotz des begrenzten Terrains über schneebedeckte Berge, eine Wüste sowie mediterrane Strände, und auch Israels Esskultur ist äußerst vielseitig. Jemenitische *Schoog* (eine auf Koriander basierende Sauce) streicht man auf panierte Schnitzel, neben marokkanischem Couscous gibt es georgische *Khinkali* (Klöße) und zum Dessert persischen *Malabi* (Pudding) oder gewürfelte Wassermelone mit salzigem, bulgarischem Käse. Israels Immigranten haben ihre vertrauten Gerichte mitgebracht, sind aber auch dafür offen, was ihre Nachbarn essen. So, wie die Geschichte Israels von einem Gemisch aus Religionen und verschiedenen Herrschaftsansprüchen geprägt wurde, übernimmt die Landesküche Einflüsse aus aller Welt. Sogar *Borschtsch* und türkisch anmutende *Bourekas* bekommt man hier. Daher ist ein Trip nach Israel für Veganer eine Chance, den kulinarischen Reisepass mit pflanzenbasierten Stempeln aus traditionellen internationalen Gerichten zu füllen – alles für den Preis eines einzigen Flugtickets.

Als Israel vor ein paar Jahren einen veganen Boom erlebte und etwa fünf Prozent der Bevölkerung zu Veganern wurden, haben die Israelis die Spezialitäten ihrer Großmütter nicht über Bord geworfen; sie haben sie ihrer neuen Vorliebe angepasst. *Bete'avon!* (»Guten Appetit«!)

Gegenüber: In Jaffa genießen Sonnenhungrige ausgedehnte Strandspaziergänge. Oben: Kaum zu überbieten: Hummus mit Fladenbrot im 416.

## Traumhafte Unterkünfte

**Amirim**
Dieses im Norden Israels gelegene Dorf mit Blick auf den See Genezareth wurde vor Jahrzehnten als vegetarisches Dorf gegründet, bevor dieser Lebensstil in Mode kam. Inzwischen ist es teilweise vegan, vermietet Unterkünfte und bietet Spa-Anwendungen an, und man kann draußen in einem Whirlpool mit schöner Aussicht relaxen. Für Kulturliebhaber gibt es einen Skulpturengarten und in den Sommermonaten jeden Freitagabend Livemusik. *www.amirim-home.co.il*

**Abraham Hostels**
Dieses beliebte Netzwerk aus Hostels und Tourenanbietern hat viele spezialisierte Angebote im Programm. Zum Beispiel gibt es in Tel Aviv fast täglich eine vegane kulinarische Tour mit vier Stationen (und Eiscreme zum Dessert). Im Abraham Hostel Jerusalem kann man an vier Abenden pro Woche ein Dinner mit Workshop buchen, bei dem man die Zubereitung von Hummus lernt. *www.abrahamtours.com*

## BESONDERE ERLEBNISSE

**Kulinarik und Geschichte kombinieren**
Bei den Markttouren und Kochkursen von Delicious Israel geht es immer auch um Historisches. Ob man Leckereien in einem Süßwarenladen probiert, der sich seit 1935 nicht verändert hat, oder mit den Verkäufern in vierter Generation auf Tel Avivs Carmel-Markt plaudert – diese veganfreundlichen Touren entführen die Teilnehmer in die Chronik der israelischen Küche und dorthin, wo kulinarische Traditionen weiterleben. *www.deliciousisrael.com*

**Eine traditionelle Tahini-Fabrik kennenlernen**
Die Regeln für die Zubereitung des veganen Superfoods Tahini (Sesampaste) haben sich im letzten Jahrhundert kaum verändert. Die zwei Brüder, die heute die 146 Jahre alte Tahini-Mühle der Jabrini-Familie in Ost-Jerusalem führen, schälen, rösten und mahlen die Sesamsamen noch immer auf alten Basalt-Mühlsteinen wie einst ihr Großvater. Das Ergebnis ist eine cremige Paste, die auch bei Gourmets wie dem in London lebenden Koch und Autor Yotam Ottolenghi beliebt ist.

**Bauhaus-Architektur bewundern**
Auf einer dem Design gewidmeten Tour kann man die strahlend weißen Bauhaus-Gebäude der zum UNESCO-Weltkulturerbe gehörenden Architektur von Tel Aviv bewundern. Die Stadt Tel Aviv bietet samstagmorgens eine gebührenfreie englischsprachige Bauhaus-Führung an, bei der man einige der 4000 modernistischen Gebäude sehen kann. Die Tour endet in der Nähe des Café Bana, wo eine Reservierung empfehlenswert ist, da die Plätze vor dem Lokal sehr begehrt sind. *www.tel-aviv.gov.il; www.banatlv.com*

## KLEINE SPRACHKUNDE

Die meisten Restaurants haben englischsprachige Speisekarten, und viele nationale Ketten (zum Beispiel Aroma, Landwer Café, Greg Café und Café Joe) führen vegane Optionen. Um ganz sicher zu sein, sagt man »Ani tivoni« (»Ich bin Veganer«). »Parve« bedeutet koscheres Essen ohne Fleisch und Milchprodukte.

Vorhergehende Doppelseite: Blick auf Jerusalem. Links und unten: Im Café Bana in Tel Aviv kann man sich einen Chia-Pudding schmecken lassen.

## LANDESKÜCHE

⟶ Veganes Essen bekommt man in Israel überall, von den kleinen Hummus-Läden, wo das Kichererbsenmus täglich frisch zubereitet wird, bis hin zu den Fischrestaurants am Hafen, die als ersten Gang stattliche gemischte Salate servieren. Unbedingt probieren sollte man vegane *Shakshuka*, bei der die obligatorischen Eier durch Tofu ersetzt werden (gibt es in den meisten Frühstücksrestaurants), oder an einem Straßenstand ein *Sabich* (Sandwich), das alles enthält bis auf das hartgekochte Ei: gebratene Aubergine, Tahini, Salat, Gurken und gewürzte Mango. Für Snacks zwischendurch kauft man im Supermarkt Sesam-*Halva* oder frisch gepressten Obstsaft bei einem Straßenverkäufer.

## Top-Restaurants

**SULTANA, TEL AVIV**
Um das Geschmackserlebnis von geröstetem Fleisch am Spieß (ohne Fleisch) zu genießen, geht man zum Sultana, einem veganen *Shawarma*-Lokal. Man füllt seine *Pita* mit geröstetem Seitan oder am Spieß gebratenen Pilzen, gekrönt von Salat und Gurken.

**HUMMUS SAID, AKKO**
Israelis fahren lange Strecken zu Hummus Said, einer schon lange bestehenden Institution in der Hafenstadt Akko. An angeschlagenen Schüsseln sollte man sich nicht stören – für Abu Saids drei Hummus-Variationen stehen die Leute Schlange. *www.akko.org.il/en/Hummus-Said*

**416, TEL AVIV**
Dieser vegane Hipster-Himmel ist eine solide Wahl, sowohl fürs Abendessen als auch für einen Cocktail. Die Speisekarte enthält vegane Versionen von gegrillten Calamari und *Fattusch*-Salat. *www.416.co.il*

**GRÜNER TIPP**

Zwar gibt es in Spanien immer mehr Läden mit veganen Lebensmitteln, aber man sollte sich doch vor der Reise mit seinen üblichen Nahrungsergänzungsmitteln eindecken, weil sie vielleicht nicht leicht zu bekommen sind.

## Praktisches

Barcelona, Madrid, Ibiza, Málaga, Sevilla, Granada, Tarifa, Vejer de la Frontera.

Spanier sind meist sehr modebewusst, vor allem in den Großstädten, in denen sich auch die besten veganen Restaurants befinden. Für Nordspanien sind bequeme Schuhe und wärmere Kleidung angebracht.

März bis Juni oder September und Oktober sind ideal, da man dann trockenes, warmes Wetter, weniger Touristen und billigere Unterkünfte genießen kann. Frisches Obst und Gemüse gibt es das ganze Jahr über: Orangen, Feigen und Artischocken haben im Herbst Saison; Spargel, Auberginen und Pilze im Frühling.

$ $

# Spanien

***Man sollte sich von der Leidenschaft der Spanier für Schinken nicht täuschen lassen; dieses sonnige, fröhliche Land am Mittelmeer wird gerade zu einem interessanten Ziel für vegane Reisende – es punktet mit vielen köstlichen, pflanzenbasierten Gerichten.***

Die für erstklassige Schinken, Käse und Meeresfrüchte berühmte spanische Küche verbindet man nicht unbedingt mit veganem Essen (nicht einmal mit vegetarischem). Aber entgegen der landläufigen Vorstellung verspeisen die Spanier sehr viel Gemüse und Obst, und die kulinarischen Gewohnheiten ändern sich gerade rasant. Pflanzliche Ernährung ist auf dem Vormarsch, und in den meisten größeren Städten gibt es eine wachsende Anzahl veganer Restaurants. Sogar in den kleineren Orten gehören zur regionalen Küche oft fleischfreie Gerichte (oder vegane Abwandlungen), von der kalten *Gazpacho* bis hin zu knackigen Salaten und der großen Vielfalt frischer, regionaler Gemüse. Wichtig ist nur, seine Ernährungswünsche deutlich zu machen. Die großen Städte stehen als veganfreundliche Ziele an erster Stelle, darunter Madrid (eine Partydomäne), Barcelona (Kataloniens Juwel moderner Architektur), das baskische San Sebastián (Spaniens Tapas-Paradies) und im Süden Granada (mit der maurischen Alhambra), Málaga (ein Hotspot der Kunst) und Sevilla (Andalusiens Hauptstadt). Vegan schlemmen kann man auch an der bei Künstlern beliebten Costa de la Luz (vor allem in Tarifa und Vejer de la Frontera) und auf der wellness-begeisterten Insel Ibiza.

Gegenüber: Granadas maurisches Juwel, die Alhambra. Oben: Karotten-»Lachs« auf Kartoffelpuffern im Wild Beets auf Ibiza.

## Traumhafte Unterkünfte

**Hotel Posada del Valle**
Dieses Landhotel liegt in Arriondas, Asturien, am Fuße des Gebirges Picos de Europa, im Norden Spaniens. Der eigene biologische Anbau von Obst und Gemüse liefert viele Zutaten für die Küche des Hotels, die auf Wunsch auch vegan kocht. *www.posadadelvalle.com*

**Hotel La Casa del Califa**
Im Herzen des bezaubernden Ortes Vejer de la Frontera ist dieses weitläufige Stadthaus eines von Andalusiens originellsten Boutique-Hotels. Sein kreatives marokkanisch-nahöstliches Restaurant ist ein Eldorado für Veganer, mit Gemüse-*Tajine* und Blumenkohl-*Shawarma* mit Rosenblüten. *www.califavejer.com*

**Posada Magoría**
Im Wanderparadies des nordwestlichen Aragón gelegen, serviert das familiengeführte Gästehaus liebevoll zubereitete Speisen mit Zutaten aus eigenem biologischen Anbau und vegane Weine. *www.posadamagoria.com*

## BESONDERE ERLEBNISSE

**Auf zum Markt!**
Es gibt keinen besseren Ort, um in Spaniens kulinarische Gewohnheiten einzutauchen, als einen Markt zu besuchen – ob es nun ein bäuerlicher *mercadillo* in einem andalusischen Bergdorf ist oder der lebendige Mercado de San Miguel in der Hauptstadt. *www.mercadodesanmiguel.es*

**Auf kulinarischen Pfaden durch San Sebastián**
Mimofood organisiert Kochkurse, Weinproben und Tapas-Touren durch San Sebastián, den gastronomischen Superstar des Baskenlandes. Die meisten Aktivitäten sind auf Wunsch auch vegan möglich und auch auf Mallorca und in Sevilla verfügbar. *www.mimofood.com*

**Genusstouren durch Spanien**
A Taste of Spain bietet viele Touren mit der Betonung auf Kulinarik an (von denen die meisten auch vegan abgewandelt werden können), von Führungen mit Ölverkostungen durch die Olivenhaine von Córdoba bis hin zu ungewöhnlichen Trips im Nordwesten des Landes. *www.atasteofspain.com*

**Kulinarisch kreativ in Barcelona**
Der Kochkurs beginnt zwischen den Ständen von Barcelonas schöner Jugendstil-Markthalle Mercat de la Boqueria, dann geht es ab in die Küche, um lokale Delikatessen zuzubereiten. Vegane Kurse vorher erfragen. *www.barcelonacooking.net*

**Tapas-Tour durch Sevilla**
Kenntnisreiche Guides führen einen durch Sevillas Tapas-Bars (auf Wunsch vegan), die Tour schließt mit einer leidenschaftlichen Flamenco-Vorführung ab – *¡Olé!* *https://devoursevillefoodtours.com*

## KLEINE SPRACHKUNDE

Schlüsselsätze: »Soy vegano/a« (»Ich bin Veganer/in«) und »No como carne, pescado, huevos o productos lácteos« (»Ich esse weder Fleisch, Fisch, Eier noch Milchprodukte«). Manche Gerichte (Salate oder Suppen etwa) werden mit einem Topping aus Thunfisch, Schinken oder Ei garniert, daher sollte man sie »sin atún, jamón o huevo« bestellen.

Links: Das Wild Beets auf Ibiza serviert köstliche Frühstücksgerichte wie French Toast mit Kokoscreme.

## LANDESKÜCHE

→ Gekühlte *Gazpacho* oder *Ajoblanco* (Mandel-Knoblauch-Suppe) und wärmende Gemüsesuppe sind die Freunde von Veganern, aber man muss darauf achten, dass keine Hühner- oder Fischbrühe enthalten ist. Veganfreundliche Tapas sind zum Beispiel *Patatas bravas* (Kartoffeln mit scharfer Tomatensauce; auf Mayonnaise achten!), *Pimientos de Padrón* (kleine gebratene Paprika), *Berenjenas fritas* (ausgebackene Auberginenscheiben) und *Espinacas con garbanzos* (Spinat mit Kichererbsen; aufpassen, dass er nicht in Knochenbrühe gekocht wurde). Andere Lebensretter sind *Paella de verduras* (Gemüse-Reis-Pfanne), *Pisto Manchego* (Gemüsepfanne) und *Pan con tomate* (Brot mit Tomaten und Olivenöl).

## Top-Restaurants

**YERBABUENA, MADRID**
Eine vegane Institution mit zwei Filialen nahe der Puerta del Sol. Es gibt Varianten von Kartoffel-Omelett und Paella, leckere Auberginen-Burger und Tofu-Steaks.
*www.yerbabuena.ws*

**VEGGIE GARDEN, BARCELONA**
Zu den asiatisch inspirierten, exzellent zubereiteten Gerichten hier gehören *Thalis*, Currys, Pasta-Gerichte und Burger.
*www.veggiegardengroup.com*

**WILD BEETS, IBIZA**
In dem weiß gekalkten Ort Santa Gertrudis serviert das Wild Beets Falafel-Bowls, Superfood-Smoothies und kreative Salate.
*www.wildbeets.com*

**HICURI, GRANADA**
Inmitten der Wandmalereien des Street-Art-Künstlers El Niño de las Pinturas bekommt man hier Tofu-Tempura und vieles mehr.
*www.restaurantehicuriartvegan.com*

# WILDE TIERE & NATUR

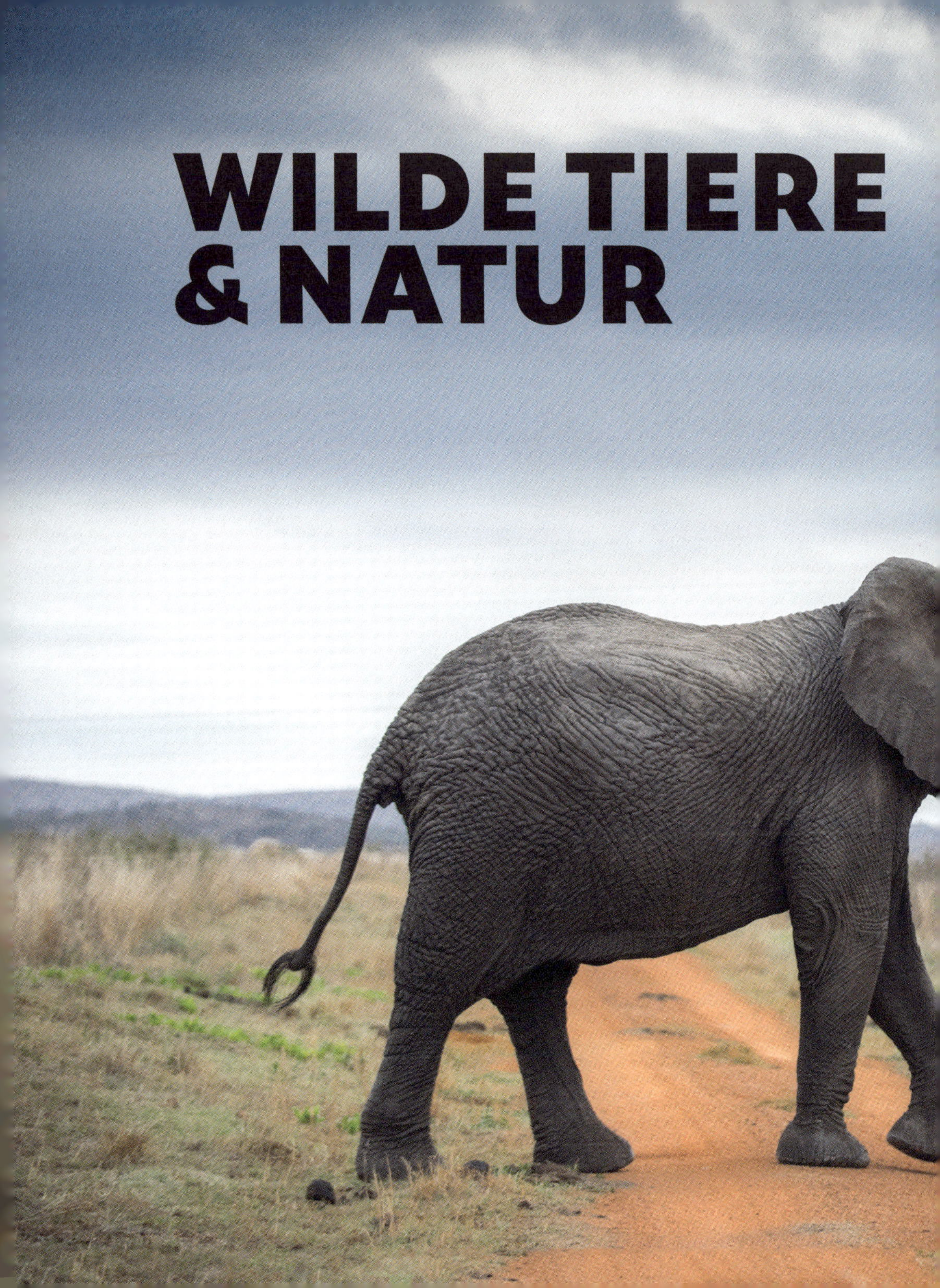

© JAMES KEITH/GETTY IMAGES

GRÜNER TIPP
In Brasilien kann es unglaublich schwül sein. Es empfiehlt sich, Elektrolyt-Präparate mitzunehmen, um sie dem Trinkwasser beizumischen und einen durch starkes Schwitzen verursachten Elektrolytverlust zu kompensieren (oder um nach zu vielen Caipirinhas bei der Regeneration zu helfen).

Praktisches

São Paulo, Rio de Janeiro, diverse Aiports am Amazonas, Bahia.

Einen kleinen Rucksack mitnehmen für Flipflops, Schwimmkleidung, Sonnenschutz und Sonnenbrille. Nützlich ist auch eine leichte, schnell trocknende Zip-off-Hose.

Frisches Obst und Gemüse gibt es das ganze Jahr über, aber im September und Oktober vermeidet man die Hauptferienzeit, den Winter im Süden und die Regensaison im Pantanal und in Amazonien. Im Dezember und Januar steigen die Preise, ebenso natürlich auch während des Karnevals (Februar/März).

$ $

# Brasilien

***Exotisch und farbenprächtig – das charakterisiert Brasiliens Tier- und Pflanzenwelt, seine Kultur und seine Küche. Auf den Märkten häufen sich frische Früchte und Kokosnüsse, gekochte Bohnen sind hier ein Grundnahrungsmittel, und das Amazonasbecken liefert wertvolle Superfoods.***

Ob man in den warmen Gewässern der Ilha Grande schnorchelt, in einer Hängematte liegend tief im Urwald den Brüllaffen lauscht oder sich in eine Höhle in der Nähe von Bonito abseilt – für Naturliebhaber ist Brasilien ein Paradies. Das Land bietet viele Möglichkeiten, zu entspannen, einen oder zwei Caipirinhas zu trinken und mit den für ihre Freundlichkeit berühmten Einheimischen das hausgemachte Essen zu teilen. Sogar im kosmopolitischen Rio de Janeiro ist die Natur nie weiter als eine kurze Auto- oder Fahrradfahrt entfernt.

Brasiliens Küche ist herzhaft, einfach, regional verwurzelt und ziemlich gesund. Bohnen-Reis-Gerichte gibt es überall, und die Vielfalt frischer Früchte ist sagenhaft. Köstliches Kokoswasser ist preiswert und fast überall zu bekommen, ebenso nahrhafte Snacks wie *Açaí Bowls* (aber Vorsicht, manche sind sehr stark gesüßt) oder Paranüsse.

Auch wenn Brasilien leider zur Gewinnung von Farmland zerstörerische Abholzungen durchführt, hat das Land in letzter Zeit den Veganismus entdeckt. Die Städte Várzea Grande, Cuiabá und São Gonçalo haben sich verpflichtet, in jeder städtischen Schule einmal pro Woche eine vegane Mahlzeit anzubieten, was fünf Millionen pflanzliche Mahlzeiten pro Jahr bedeutet, die sonst Tierprodukte enthalten hätten.

Vorhergehende Doppelseite: Auf einer Safari in Südafrika kreuzt plötzlich ein Elefant den Weg. Gegenüber: Auf dem Pico do Papagaio, Ilha Grande. Oben: Ein im Pantanal lebender Jaguar.

## Traumhafte Unterkünfte

**Rancho dos Gnomos**
Diese rustikale, aber gemütliche Ranch liegt fernab der viel besuchten Orte am Ende einer acht Kilometer langen Schotterstraße in Joanópolis. Sie ist Sitz einer nichtstaatlichen Organisation, die sich dem Wohl und dem Schutz von exotischen, einheimischen und wandernden Tieren widmet. *www.ranchodosgnomos.org.br*

**Pousada Ecohar Yoga**
Am Strand von Maragogi, der »Karibik Brasiliens«, liegt dieses Resort mit Schwerpunkt Yoga. Es gibt fünf Apartments und neben Yoga auch Kochkurse. Die Mahlzeiten sind alle vegetarisch oder vegan. *www.ecoharyoga.com.br*

**Pousada Rosa Verde**
Dieses kleine, privat geführte und haustierfreundliche Gästehaus befindet sich nahe der traumhaften Bucht, für die Praia do Rosa bekannt ist. Hier ist alles zu 100 Prozent vegan. *www.rosaverde.com.br*

## BESONDERE ERLEBNISSE

**Seinen inneren Gaucho wecken**
Im Herzen der brasilianischen Savanne kann man hoch zu Ross durch die Reserva do Ibitipoca reiten und den Abend am Lagerfeuer ausklingen lassen. Man wohnt in einem der vielen nachhaltig restaurierten Häuser, darunter auch Brasiliens erste zu 100 Prozent vegane Unterkunft. *www.ibiti.com*

**Durch den Urwald streifen**
Mit einheimischen Guides von Amazon Emotions kann man durch den Amazonas-Urwald streifen und dabei helfen, die Speicherkarten in den bewegungsaktivierten Kameras auszutauschen, mit denen die Jaguar-Population der Gegend überwacht wird. Man klettert mit Gurten gesichert in die Baumkronen in 60 Metern Höhe und bewundert den Sonnenuntergang von einer Segeltuch-Hängematte aus. *www.amazonemotions.com*

**Amazonasdelfine beobachten**
Von Manaus aus fährt man mit ausgebildeten Guides in einem Boot zu Dorfgemeinschaften, die die rosafarbenen Amazonasdelfine schützen. Man erfährt etwas über die Produktion von Maniok-Mehl und genießt traditionelle *Tapioquinha* (Tapioka-Pfannkuchen) zum Kaffee. Die Touren sind meist nicht veganfreundlich, können aber bei Vorbestellung angepasst werden. *www.amazonecoadventures.com*

**São Paulo erkunden**
Vegan4You bietet einen Stadtrundgang an, der mit einem veganen Frühstück startet. Dann erkundet man Wahrzeichen und vegane Orte, vom Bahnhof São Bento bis zum Largo do Café und dem Veggie Life Store. *www.vegan4you.com.br*

## KLEINE SPRACHKUNDE

Nützliche Sätze sind »Eu sou vegan« (»Ich bin vegan«) und »Eu não como carne, peixe ou frango« (»Ich esse kein Fleisch, keinen Fisch, kein Huhn«). Und noch genauer: »Não como produtos de origem animal, incluindo lacticinios, ovos e mel« (»Ich esse keine tierischen Produkte, einschließlich Milchprodukte, Eier und Honig«).

Links: Kichererbsen-Gemüse-Curry, Quinoa mit Kräutern und Aprikosen-Radieschen-Salsa im .Org Bistrô in Rio de Janeiro.

## LANDESKÜCHE

Buffets, bei denen die Mahlzeit nach Gewicht bezahlt wird, werden in Brasilien immer beliebter. Es gibt etwa braunen Reis, veganes *Feijão* (Schwarze-Bohnen-Eintopf), Okraschoten, Kichererbsen, Brokkoli, geraspelte Karotten sowie Bulgur- und Gewürzgurkensalat. Manchmal findet man die traditionellen *Pão de queija* (Käsebrötchen) mit Yamswurzel anstatt mit Käse, und im Bundesstaat Minas Gerais werden die Blätter und Früchte des Ora-pro-nóbis-Strauches als Fleischersatz verwendet. Es gibt überall Saftbars und auf den Märkten werden das ganze Jahr über verschiedenste Obst- und Gemüsesorten angeboten. Wenn man eine leere Flasche dabeihat, füllt der Verkäufer sie einem meist bereitwillig mit frischem Kokoswasser auf.

## Top-Restaurants

### .ORG BISTRÔ, RIO DE JANEIRO

In Rios ambitioniert veganfreundlichem Restaurant werden nur vollwertige, regionale, saisonale, frische, biologisch angebaute und nicht weiterverarbeitete Zutaten verwendet. Die Köchin, Tati Lund, hat am Natural Gourmet Institute for Health and Culinary Arts in New York studiert, aber sie kocht nicht nur höchst professionell, sondern auch mit viel Liebe.
*www.orgbistro.com.br*

### POP VEGAN FOOD, SÃO PAULO

Hier kann man vegane Pizza mit krossem Boden und regional hergestelltem veganem Käse knuspern. Es gibt auch glutenfreie und Vollkornpizza. Von Dienstag bis Freitag findet abends ein »All-you-can-eat-*Rodízio*« statt, bei dem die Kellner immer wieder anders belegte Pizzen an den Tisch bringen.
*www.popveganfood.com.br*

**GRÜNER TIPP**

In British Columbia geht Veganismus Hand in Hand mit einem allgemein weit verbreiteten Bemühen um Nachhaltigkeit. Auch als Tourist kann man wiederverwendbare Einkaufstaschen und ein Gefäß für Kaffee und Smoothies benutzen.

## Praktisches

Vancouver, Victoria, Tofino, Sunshine Coast, Whistler, Okanagan Valley, Salt Spring Island.

Berge und Meer bedeuten, dass das Wetter sich schnell ändern kann. Regensachen und feste Wanderschuhe sind ein Muss. Empfehlenswert ist Zwiebelkleidung.

Juni bis September ist Hochsaison für Outdoor-Fans und die beste Zeit für frisches, regionales Essen und Bauernmärkte. Im Okanagan Valley, dem Obstgarten von British Columbia, reifen die Früchte zwischen Juli und September. Vegane Gerichte gibt es das ganze Jahr über.

$ $ $

# British Columbia

***»Beautiful BC« ist für majestätische Berge, unberührte Gletscherseen, Bergblumen und eindrucksvolle Regenwälder bekannt, daher scheint es nur natürlich, dass in dieser kanadischen Provinz die vegane Ernährungsform immer mehr Zuspruch findet.***

Als der Geburtsort von Greenpeace, Umweltaktivismus und Kanadas »Hippie-Granola-Kultur« ist British Columbia die Provinz Kanadas mit dem prozentual höchsten Anteil an Vegetariern und Veganern. Allmählich machen die Hippies den Hipstern Platz, und mittlerweile wird der vegane Lebensstil von einem jugendlichen und unternehmerischen Geist befeuert – »Vegetarismus 2.0« sozusagen.

Vancouvers Main Street wird dieser Entwicklung durchaus gerecht, denn hier gibt es viele beliebte, veganfreundliche Cafés und Restaurants, die dazu einladen, auch als Fleischesser diesen Ernährungsstil einmal auszuprobieren. Die Speisekarten spiegeln die ethnische Diversität des Landes wider, doch überall gibt es auch amerikanisches Standardessen in veganer Version – Burger und Bowls voll farbenfrohem Gemüse, verfeinert mit knusprigen Körnern und leckeren Saucen.

Die Nähe der Städte zu Bergen und Wäldern sowie die Wasserwege der Küste und Seen erleichtern naturbetontes Reisen, mit dem Plus an veganem Essen. Exkursionen in die Wildnis sind nicht teuer und können auch von Veganern ohne knurrenden Magen genossen werden, da immer mehr Tourenveranstalter und Gaststätten auf dem Land bei vorheriger Ankündigung ihre Speisenangebote anpassen (man sagt nicht umsonst, dass die Kanadier ausgesprochen freundlich sind).

Gegenüber: Die Küstengewässer des Desolation Sound laden zu einem Bad ein. Oben: Ein Orca taucht aus der Salish Sea auf.

## Traumhafte Unterkünfte

**Joe Schmucks' Roadhouse Motel**
Eine gemütliche Raststätte in der Kootenay-Region, in der Reisende und Wanderer übernachten oder sich mit veganem Cheeseburger und *Butter Chicken* stärken können.
*www.joeschmucks.ca*

**Khutzeymateen Wilderness Lodge**
Hier hat man die Chance, sich wie ein echter Entdecker zu fühlen. Man reist mit dem Wasserflugzeug an, beobachtet auf Touren Wildtiere und schläft in einer umwelt- und veganfreundlichen (vorher ankündigen) schwimmenden Lodge in BCs einzigem Schutzgebiet für Grizzlybären.
*www.khutzlodge.com*

**Nita Lake Lodge**
Im Aura, dem Restaurant dieser Lodge in Whistler, ist der Montag fleischfrei, außerdem gibt es eine Auswahl an veganen Speisen (viele Zutaten stammen vom Gemüsegarten auf dem Dach).
*www.nitalakelodge.com*

## BESONDERE ERLEBNISSE

**Urlaub auf dem Bauernhof**
Auf der Arion Therapeutic Farm kann man Zeit mit Ziegen, amerikanischen Miniaturpferden und anderen Tieren verbringen. Die Farm ist über fünf Hektar groß und liegt im von hohen Bergen umgebenen Okanagan Valley, das für seine Obstplantagen, Weinberge und Lavendelfelder bekannt ist und über zahlreiche Wander- und Radwege verfügt. *www.ariontherapeutic.farm*

**Rückzug auf eine ursprüngliche Insel**
Auf einer ruhigen Paddeltour am frühen Morgen kann man Wale, Weißkopfseeadler und purpurne Seesterne bestaunen. Oder man streift durch den Zedernwald beim Hollyhock Leadership Learning Centre, eingebettet in die wilde Natur von Cortes Island, und beobachtet Rotwild. Zu den zahlreichen Programmen des Centers gehören geführte Natur- und Vogelbeobachtungswanderungen.
*www.hollyhock.ca*

**Veganer Gourmet-Kochkurs**
Während eines dreiwöchigen kulinarischen Bootcamps an der Northwest Culinary Academy in Vancouver kann man die Ärmel hochkrempeln und veganes Gebäck zaubern, Nusskäse herstellen und Algensalat zubereiten. Was man hier lernt, hebt die vegane Küche auf ein höheres Level!
*www.nwcav.com/enthusiast/3-week-plant-based-culinary-boot-camp*

**Komfortables Camp am Fluss**
Im REO Rafting Resort wohnt man in einem Luxus-Zelt neben dem jadegrünen Nahatlatch River, kann an Rafting- oder Yogakursen teilnehmen oder einfach nur das vegane Essen genießen, umgeben von immergrünen Bäumen. *www.reorafting.com*

Vorhergehende Doppelseite: Cortes Island verfügt über eine faszinierende Natur. Oben: Auf der Arion Therapeutic Farm befindet man sich in der Gesellschaft von zutraulichen Tieren. Links: Im Hollyhock Lifelong Learning Centre wird eine Tostada mit knackigem Gemüse serviert.

## Top-Restaurants

**THE NAAM, VANCOUVER**
Das Naam ist eines der ersten vegetarischen Restaurants der Stadt (gegründet 1968) und erfreulich preiswert. Es hat sieben Tage die Woche rund um die Uhr geöffnet und serviert herzhafte Gerichte, perfekt nach einer anstrengenden Wanderung. Hier kann man auch vegane Saucen kaufen.
*www.thenaam.com*

**MEET, VANCOUVER**
Das Essen hier ist so beliebt, dass sich vor dem Lokal lange Schlangen bilden. Auf der Speisekarte stehen zum Beispiel vier Abwandlungen von Kanadas Kultessen *Poutine* (Pommes mit Käse und Sauce), Burger und Bowls, dazu gibt es veganes Bier.
*www.meetonmain.com*

**BE LOVE, VICTORIA**
Das Be Love serviert in einer entspannten Atmosphäre moderne vegane, regionale und saisonale Küche. Das umfangreiche Brunch-Angebot und die Bowls ziehen viele Stammgäste an.
*www.beloverestaurant.ca*

## LANDESKÜCHE

Fisch und Meeresfrüchte sind Grundnahrungsmittel in British Columbia, aber sogar in Seafood-Lokalen wie dem Fish on Fifth am Fähren-Terminal von Sidney (Vancouver Island) oder dem Westcoast Poké (Vancouver) gibt es vegane Optionen, ebenso wie in Sushi-Bars oder bei The Very Good Butchers, wo man brunchen und sich mit Vorräten aus veganer Wurst, Steaks und Speck versorgen kann. Optionen zur Selbstversorgung gibt es zahlreiche, denn Supermärkte und Bio-Läden sind mit veganen Produkten gut ausgestattet, und es gibt sogar speziell pflanzenbasierte Bäckereien und Spezialitätenläden. Informationen zu Märkten und Gemeinschaftsessen bekommt man in Vancouvers Vegan Resource Centre oder auf *https://peaces.ca.*

**GRÜNER TIPP**

Der in Neuseeland beliebte Marmite-Brotaufstrich (ein Hefeextrakt) ist vegan und reich an B-Vitaminen, fein salzig und herb im Geschmack.

## Praktisches

Auckland, Wellington, Queenstown, Christchurch, Hamilton.

Der Reisezeit angemessene, lockere Outdoor-Kleidung deckt in Neuseeland die meisten Erfordernisse ab.

Die beste Reisezeit für angenehmes Klima und frisches Obst und Gemüse ist der Sommer – in der südlichen Hemisphäre von Dezember bis März. Aber auch später Frühling und früher Herbst sind eine gute Zeit für einen Besuch.

$ $

# Neuseeland

***Neuseelands prachtvolle Natur fasziniert jeden – die zerklüfteten Gebirge, das rauschende Meer, Urwälder, so dicht, dass man sich um tausend Jahre in der Zeit zurückversetzt fühlt. Dazu fruchtbare Täler, die vor Obst und Gemüse nur so strotzen.***

Nicht ohne Grund würden viele Milliardäre im hypothetischen Fall einer Apokalypse Neuseeland als Ort ihrer Zuflucht nennen – die Inseln sind traumhaft abgelegen, und man kann dort meilenweit fahren, ohne einer Menschenseele zu begegnen. Städte wie Auckland sind zwar durch und durch modern, aber in der unberührten Natur fühlt man sich wie aus der Zeit gefallen.

Bei Reisen in Neuseeland steht das Naturerlebnis an erster Stelle: entlang der goldenen Küste von Abel Tasman wandern, während im jadegrünen Wasser die Delfine springen; den Seehunden am Strand von Kaikoura zusehen; beobachten, wie possierliche Zwergpinguine auf ihren Bäuchen Eisberge hinabrutschen; Ski laufen in der passend benannten Gebirgskette The Remarkables; oder in den heißen Quellen der Nordinsel baden.

Die Attraktivität der neuseeländischen Natur erstreckt sich auch auf das Essen. Hier wachsen einige der wunderbarsten Obst- und Gemüsesorten der Welt, von Kiwi-Früchten und *Kumaras* (Süßkartoffeln) bis hin zu einheimischen Heilpflanzen wie *Horopito* und *Kahikatea* sowie Meeresgemüsen wie *Karengo*-Alge und Riesentang. Veganismus ist vor allem in größeren Städten wie Auckland, Wellington und Christchurch ziemlich weit verbreitet. Aber Optionen für Veganer gibt es überall, und die hier »Kiwis« genannten Neuseeländer sind sehr entgegenkommend und wandeln Gerichte gerne für Veganer ab.

Gegenüber: Eine Wanderung in den Southern Alps gehört zum Angebot des Aro Ha Wellness Retreat. Oben: Der Kea ist auf der Südinsel Neuseelands beheimatet.

## Traumhafte Unterkünfte

**Heritage Auckland**
Dieses prächtige Hotel in einem ehemaligen Kaufhaus im Art-déco-Stil beherbergt das Hectors, das erste als vegan zertifizierte Restaurant Neuseelands. Eine ganze Abteilung der Küche ist frei von Tierprodukten. *www.heritagehotels.co.nz/heritage-auckland*

**Kimi Ora Eco Resort**
Nach der beliebten Küstenwanderung durch den Abel Tasman National Park, der Heimat von Robben und Zwergpinguinen, kann man in dieser Lodge mit Spa und einem zu 100 Prozent vegetarischen Restaurant mit vielen veganen Optionen relaxen. *www.kimiora.com*

**Aro Ha**
In diesem luxuriösen Wellness Retreat in den Southern Alps kann man Yogakurse besuchen, Wanderungen durch die verschneiten Berge unternehmen und zu 100 Prozent veganes Essen genießen – viele Zutaten werden vor Ort angebaut. *www.aro-ha.com*

## BESONDERE ERLEBNISSE

**Mit einem Maori-Koch wildes Gemüse sammeln**
Bei Rotorua kann man mit Charles Royal, einem Maori, der schon seit jeher Wildgemüse sammelt, eine vorher abgesprochene Wanderung durch den Busch machen und nach *Pikopiko* (Farnspitzen), *Horopito* (Buschpfeffer) und *Komata* (Kohlbaum) suchen. Man kann auch ein Bad in einer natürlichen mineralischen Quelle nehmen, durch den Regenwald reiten oder bei einer Tasse Tee den Trommeln lauschen. *www.maorifood.com*

**Auf Bauernmärkten regionale Produkte genießen**
Einen Vormittag auf einem von Neuseelands vielen Bauernmärkten zu verbringen, ist ein Vergnügen mit vielfältigen regionalen Produkten, Kaffee und Gebäck, Straßenmusikern und ab und zu einem Huhn, das Körner vom Boden aufpickt. Der Clevedon Village Farmers Market (Bild) außerhalb von Auckland hat einen ländlichen Charme; auf dem subtropischen Whangarei Growers Market sind die Stände reich beladen mit exotischen Früchten; und der Harbourside Market in Wellington ist schon seit 1920 der Liebling vieler Neuseeländer.

**Entspannen in der geothermalen Zone**
Im Wai Ora Lakeside Spa Resort in Rotorua kann man in einem heißen Pool im Freien relaxen und seinen Körper danach mit einer traditionellen Maori-Massage, einem geothermalen Schlammbad oder einer Kräutersauna verwöhnen. Und falls der Magen knurrt – das Spa-Restaurant serviert eine vegane Platte. *www.waioraresort.co.nz*

Links: Eine vegane Schwarzwälder Kirschtorte ist eine der vielen Leckereien der Little Bird Kitchen in Auckland.

## LANDESKÜCHE

⟶ Neuseelands Küche stützt sich auf die Fischerei- und Farmtradition des Landes, daher enthalten viele Gerichte Lammfleisch, Fisch oder Meeresfrüchte. Aber auch Obst und Gemüse gibt es reichlich, so etwa tropische Köstlichkeiten wie *Feijoa* (Ananas-Guave) und wilde Hibiskus-Blüten. Anstatt in Pubs und an Imbissständen im britischen Stil sollte man lieber in pazifischen oder asiatischen Restaurants essen, die meist auch pflanzenbasierte Angebote haben, wie etwa grünes Thai-Curry oder Gemüse-*Bánh mì* (Sandwich). Auch *Hokey Pokey,* ein neuseeländisches Toffee, ist vegan. Als flüssige Leckerei gibt es den immens süßen, aber sehr beliebten Softdrink *Lemon & Paeroa* (von Einheimischen »L&P« genannt).

## Top-Restaurants

**LITTLE BIRD KITCHEN, AUCKLAND**

In diesem netten Café bekommt man zum Frühstück Buchweizen-Granola mit Nussmilch, zum Lunch Kichererbsen-*Kimchi*-Pfannkuchen und am Nachmittag Käsekuchen. Alles vegan und frei von Gluten sowie raffiniertem Zucker. *www.littlebirdorganics.co.nz*

**THE LOTUS-HEART, CHRISTCHURCH**

Dieses vegetarische Restaurant erstrahlt in Blau und Gold und ähnelt einem Tempel. Es wurde von Anhängern des spirituellen Lehrers Sri Chinmoy eröffnet. Fast alles auf der Speisekarte gibt es auch als vegane Option, von gegrillten Tempeh-Spießen bis hin zu mit Kartoffeln gefüllten *Dosas*. *www.thelotusheart.co.nz*

**AUNTY MENA'S VEGETARIAN RESTAURANT & CAFE, WELLINGTON**

Dieses vegane Café/Restaurant bietet preiswerte, sättigende asiatische Gerichte an, wie etwa *Wantan*-Nudeln und *Saté*-Spieße mit Fleischersatz.

**GRÜNER TIPP**

Bevor man sich auf Entdeckungsreise außerhalb großer Städte wie Kapstadt, Durban und Johannesburg begibt, sollte man sich mit veganem Proviant versorgen.

## Praktisches

Kapstadt, Durban, Johannesburg, Garden Route, Winelands.

Kurzärmliges und Shorts sind ideal für Großstädte und Safaris, für Fahrten am frühen Morgen und abends braucht man etwas Warmes zum Überziehen. Langarm-Shirts und lange Hosen helfen gegen Mücken.

Für Kapstadt, seine wilde Küste und Natur und die Garden Route sind die warmen, trockenen Monate von Dezember bis Februar am besten. Für Safaris im Osten des Landes sind die supertrockenen Monate Juli bis Oktober ideal. Das ganze Jahr über gibt es Obst und Gemüse im Überfluss.

$ $

# Südafrika

*In Südafrika kann man die Vielfalt afrikanischer Wildtiere bewundern: Wale und Delfine entlang der Küste, Adler, die über den Bergen ihre Kreise ziehen, und die imposanten Landsäugetiere, wenn man auf einer Auto-Safari die Nationalparks durchstreift.*

Kapstadt ist schon oft als schönste Stadt des Planeten bezeichnet worden, und wer an seinen Stränden gebadet, den immer in Blüte stehenden Botanischen Garten besucht und vom Tafelberg aus auf die Stadt mit dem dramatischen Lion's Head im Hintergrund geblickt hat, wird dem sicher zustimmen. Darüber hinaus kann man feststellen, dass die »Mutter aller Städte« nicht nur mit einer überwältigenden Umgebung punktet, sondern auch mit leckerem veganem Essen – dieses kosmopolitische Zentrum Südafrikas ist das kreative Herz eines tierleidfreien Lebensstils.

Wenn man auf der berühmten Garden Route (die oft unmittelbar an der Küste entlangführt, sodass man Wale beobachten kann) aus der Stadt hinaus in Richtung Osten fährt, werden die veganen Optionen seltener. Aber als Selbstversorger kann man sich auch unterwegs schmackhafte Mahlzeiten zaubern – etwa in den berühmten Safari-Parks des Landes, wie etwa im Kruger National Park, im Golden Gate Highlands National Park und im Marakele National Park, wo die meisten dem Staat gehörenden Unterkünfte den Zugang zu voll ausgestatteten Küchen gewährleisten. Picknicks bekommen eine ganz neue Qualität, wenn man sich die Landschaft mit Vertretern der »Big Five« teilt (Elefant, Nashorn, Löwe, Leopard und Büffel).

Gegenüber: Die &Beyond Tengile River Lodge verwöhnt ihre Gäste in der Wildnis. Oben: Ein Nashorn durchstreift den Kruger National Park.

## Traumhafte Unterkünfte

**Tintswalo Atlantic**
Dieses luxuriöse Beach-Hotel (und sein Terrassenrestaurant mit veganen Optionen) erhob sich aus der Asche der schrecklichen Buschbrände im Jahr 2015 im Table Mountain National Park und liegt malerisch am Strand am Fuße des Chapman's Peak, mit Blick auf Hout Bay, Sentinel Peak und vorüberziehende Wale. *www.tintswalo.com/atlantic*

**Go2Africa**
Dieser Safari-Spezialist berät vegane Reisende und sorgt dafür, dass man auf der Safari in veganfreundlichen Lodges unterkommt. Go2Africa achtet auch darauf, dass alle Safari-Camps auf dem Weg über die veganen Bedürfnisse der Teilnehmer unterrichtet sind. *www.go2africa.com*

**Ashworth Africa**
Diese von Patrick Ashworth gegründete Safari-Vermittlung organisiert individuelle Fahrten, auf denen alle veganen Wünsche erfüllt und tierfreundliche Wildtiersichtungen garantiert werden. *www.ashworthafrica.com*

## BESONDERE ERLEBNISSE

**Die Zubereitung veganer Rohkostgerichte erlernen**
Das Raw and Roxy ist bekannt für seine rohen, veganen Köstlichkeiten, von süßer Avocado-Schokoladen-Ganache über Thai-Curry bis hin zu schmackhafter Lasagne und Sushi. Man kann auch einen Workshop besuchen, um etwas von dem kulinarischen Zauber in die eigene Küche mitzunehmen. *www.facebook.com/rawandroxy*

**Auf Safari gehen**
Die gehobene, auf Umweltschutz setzende Abenteuervermittlung &Beyond bietet kreative, individuell zugeschnittene Touren, Kleingruppen-Safaris und Trips für besondere Interessen an. &Beyond verfügt auch über einige Safari-Camps, darunter die Tengile River Lodge (Bild), bekannt für erstklassigen Service und exzellente Küche. *www.andbeyond.com*

**Essen wie die Kapstädter**
Für ein pflanzenbasiertes Abenteuer am Fuße des Table Mountain wendet man sich an Eat Like a Local. Man erkundet Kapstadt zu Fuß, nimmt die einzigartige Atmosphäre in sich auf und lernt bis zu sieben Locations mit veganer Küche kennen. Eine großartige Einführung in diese wunderbare Stadt und ihre vegane Szene. *www.eatlikealocal.co.za*

## KLEINE SPRACHKUNDE

Wenn man sich nicht auf Englisch verständigen kann, sollte man es mit Afrikaans probieren: »Ek is 'n vegan« (»Ich bin Veganer«) oder »Slegs plant-gebaseerde voedsel asseblief« (»Nur pflanzliches Essen, bitte«). Nützlich sind auch diese Aussagen: »Geen eier« (»keine Eier«), »geen suiwelprodukte« (»keine Milchprodukte«) und »geen diereprodukte« (»keine tierischen Produkte«).

Kostproben mit Gerichten auf Basis südafrikanischer Pflanzen, serviert bei einer Tour von Eat Like a Local in Kapstadt.

## LANDESKÜCHE

⟶ Ein traditionelles Grundnahrungsmittel in Südafrika ist *Mielie Pap*, ein fester Maisbrei, der gerne mit *Chakalaka* (einer einfachen Sauce aus Tomaten und Zwiebeln) gegessen wird, was zu den beliebtesten Gerichten des Landes zählt. Wenn es einem gelingt, den Koch davon zu überzeugen, Butter und Käse wegzulassen, kann man diese Spezialität auch als Veganer genießen. Selbstversorger sollten nach der südafrikanischen Firma Fry's Ausschau halten, die zahlreiche vegane Produkte vertreibt. Und in fast jedem Lebensmittelladen gibt es verschiedene Geschmacksrichtungen von Soja-Hackfleisch.

## Top-Restaurants

### PLANT, KAPSTADT

Das Plant in Kapstadt ist eine prima Adresse für Veganer. Die in diesem seit Langem bestehenden veganen Café-Restaurant servierten Salate, Crêpes, Burger, Toasts und *Dim Sum* haben sogar schon vielen Fleischessern ein Lächeln ins Gesicht gezaubert.
*www.plantcafe.co.za*

### LEKKER VEGAN, KAPSTADT

In den zwei Kapstädter Filialen des Lekker Vegan wird veganes Junkfood im Gourmet-Stil serviert: saftige Burger, Wraps mit üppiger Sauce und Süßkartoffel-Pommes. Krönen kann man das Ganze mit einem Schokoladen-Käsekuchen.
*www.lekkervegan.co.za*

### LEXI'S HEALTHY EATERY, JOHANNESBURG

In Sandton im Norden von Johannesburg kann man fruchtige Bowls, herzhafte Spinat-Tofu-Rühreier, Pilz-Risotto oder Blumenkohl-Steak mit *Chimichurri*-Salsa genießen.
*www.lexiseatery.com*

# TROPISCHES

**GRÜNER TIPP**

Instant-Nudeln kann man leicht mitnehmen und überall zubereiten, wo es kochendes Wasser gibt. Einige aus Thailand und Vietnam importierte und in Kambodscha verkaufte Marken sind explizit als vegan gekennzeichnet.

## Praktisches

Siem Reap, Phnom Penh, Sihanoukville, Battambang, Kampot.

Für den Tempelbesuch braucht man Kleidung, die Knie und Ellbogen bedeckt. Nützlich sind auch feste Schuhe zum Besichtigen der Angkor-Tempel und Regenkleidung.

Hochsaison ist ungefähr von November bis Februar, die meisten Touristen reisen in der Zeit um Weihnachten und das gregorianische sowie chinesische Neujahr an. Verschiedene Mangosorten *(Svay)* kann man das ganze Jahr über kaufen, aber besonders reife von März bis Mai.

$

# Kambodscha

***Veganes Reisen in Kambodscha bedeutet, uralte Khmer-Tempel zu besichtigen, durch dichte Regenwälder zu streifen oder auf von Palmen gesäumten Stränden zu relaxen – und pflanzenbasierte Gerichte und saftige tropische Früchte zu genießen.***

Die Tempel von Angkor Wat gehören zu den prächtigsten Werken menschlicher Zivilisation. In der Nähe befindet sich, umgeben von mit Zuckerpalmen getupften Reisfeldern, das Naturphänomen des riesigen Tonle-Sap-Sees, der je nach Jahreszeit vom Mekong aufgefüllt und dann durch dessen Zurückweichen wieder kleiner wird. Kambodschas Südküste lockt mit feinen Sandstränden, einsamen Inseln und spektakulären Sonnenuntergängen am Meer. Um die tropische Natur hautnah zu erleben, erkundet man den Regenwald von Mondulkiri oder die Kardamomberge.

Die traditionelle Khmer-Küche kombiniert Proteinhaltiges mit Gemüsen, Kräutern, essbaren Blüten, Gewürzen, Eingelegtem und Reis. Die Salate sind frisch und haben dank Grüner Mango, Limettensaft, Koriander, Minze und Zitronengras etwas herrlich Erfrischendes. Der kambodschanische Theravāda-Buddhismus erlaubt den Verzehr von Tieren, sogar Mönche und Nonnen dürfen Fleisch essen. Daher ist in Kambodscha Veganismus eher unüblich. Man findet aber auch pflanzliche Varianten traditioneller Gerichte wie *Amok* (eigentlich gebratener Fisch mit Kokosmilch, Zitronengras, Chili und Galgant) und *Samlor* (Suppe mit Reis), aber das ist eine Entwicklung neuerer Zeit und der Nachfrage internationaler Touristen geschuldet.

Vorhergehende Doppelseite: Das Jakes Hotel auf Jamaika. Links: Kambodschas berühmte Tempelanlage Angkor Wat. Oben: Omelett ohne Ei im Vibe in Phnom Penh.

**Traumhafte Unterkünfte**

**Ivy Guest House**
Diese seit gut 20 Jahren existierende Unterkunft in Siem Reap ist ein guter Ort, um mit anderen Rucksack-Touristen in Kontakt zu kommen. Das Gästehaus hat einen großen Bereich zum Entspannen und zum Genießen einer Tapas-Platte, und sein Restaurant mit Bar ist bekannt für eine große Auswahl an veganen und vegetarischen Gerichten.
*www.ivy-guesthouse.com*

**4 Rivers Floating Lodge**
Die eleganten Zelte im Safari-Stil schwimmen auf Pontons auf dem Tatai-Fluss in der Provinz Kaôh Kŏng mitten in Kambodschas tropischem Regenwald. Tagsüber kann man Exkursionen auf dem Wasser buchen und abends auf seiner privaten Veranda beim Leuchten der Glühwürmchen den Geräuschen des Regenwaldes lauschen. Das Restaurant serviert auf Wunsch gerne auch vegane Gerichte.
*www.ecolodges.asia*

## BESONDERE ERLEBNISSE

**An einer Pfeffer-Exkursion teilnehmen**
Der weltbekannte Kampot-Pfeffer kann sich (wie französische Weine) rühmen, die internationale Kennzeichnung PGI (Protected Geographical Indication) erhalten zu haben. Die biologisch und nachhaltig arbeitende Kampot Pepper La Plantation mit 22 000 Pfefferpflanzen bietet Gratis-Führungen an. Es werden unglaublich würzige grüne, schwarze, rote und weiße Pfefferkörner verkauft und Gerichte der Khmer- und der französischen Küche serviert (vegetarische Optionen sind möglich). Mit den Einnahmen wird auch eine lokale Schule unterstützt.
*www.kampotpepper.com*

**Die Kardamomberge erkunden**
Am Fuße der südlichen Kardamomberge liegt am Flussufer ein Dorf, das mithilfe von Wildlife Alliance in ein Zentrum für Ökotourismus umgewandelt wurde. Einheimische Guides leiten Waldwanderungen sowie Boots- und Mountainbike-Touren. Man übernachtet in einfachen, aber sauberen Gästehäusern oder bei Familien im Dorf. Das Restaurant im Besucherzentrum serviert auf Wunsch auch vegane Gerichte. *www.chi-phat.org*

**Wildtiere beobachten**
Das Sam Veasna Center for Wildlife Conservation bietet einzigartige, von sachkundigen Guides geleitete Touren an, auf denen man in der Wildnis vom Aussterben bedrohte Tiere beobachten kann, so etwa den Blauschwanzspint (Bild) und den Gelbwangen-Schopfgibbon. *www.samveasna.org*

Unten: Im begrünten Innenraum der Filiale des Vibe in Phnom Penh kann man pflanzenbasierte Köstlichkeiten genießen.

## KLEINE SPRACHKUNDE

Als Vegetarier sagt man »Kh'nyohm tawm sait«. Etwas kniffliger ist es, auszudrücken, dass man Folgendes nicht möchte: Prahok (fermentierte Fischpaste, die fast so häufig verwendet wird wie im Westen Salz), Kapi (fermentierte Garnelenpaste), Teuk trey (Fischsauce mit Erdnüssen), Trey Ngeat (getrockneter Fisch) oder Khanh (fermentierte Butter).

## LANDESKÜCHE

In Siem Reap, in Phnom Penh, an den südlichen Stränden und anderen touristischen Orten gibt es vegane Cafés, die eine Fusion aus internationaler und kambodschanischer Küche servieren. Pflanzenbasierte Khmer-Gerichte findet man auch in vegetarischen, indischen und vietnamesischen Restaurants und in von chinesischen Mahayana-Buddhisten geführten vegetarischen Cafés. An Straßenständen und in Läden angebotene vegetarische Gerichte werden meist im selben Wok wie nicht-vegetarische zubereitet und können Würzsaucen auf Fisch- oder Garnelenbasis enthalten. »Gemüsesuppe« kann sogar mit Fleischbrühe gekocht sein, und Obst-Smoothies (*Teuk kalohk*) enthalten manchmal gesüßte Kondensmilch.

## Top-Restaurants

### MAHOB BUOS, SIEM REAP

Hier werden vegan abgewandelte Khmer-Klassiker serviert, wie etwa Gemüse-*Amok* (mit Tofu und Pilzen), Rotes Curry (mit Aubergine und Süßkartoffeln) und Bananenblüten-Salat. Köstliches Essen, großzügige Portionen und freundliche Bedienung erwarten einen.

### VIBE, PHNOM PENH

Internationale vegane Klassiker mit Quinoa, Avocado, Kichererbsen, Tempeh und Cashew-»Käse« sowie leckere Desserts machen dieses Café bei veganen Reisenden beliebt. In Siem Reap gibt es auch eine Filiale.
*www.vibecafeasia.com*

### VEGETARIAN FOODS RESTAURANT, BATTAMBANG

Dieses kleine Lokal wird von einer chinesischstämmigen Familie geführt und bietet preiswerte fleischlose Köstlichkeiten an, darunter Suppen und Nudelgerichte.

### GRÜNER TIPP

Auf Grand Cayman gibt es viele gut sortierte Läden mit Nahrungsergänzungsmitteln und veganen Snacks. Auf Cayman Brac und Little Cayman ist die Auswahl begrenzt, sodass man besser vorsorgt.

## Praktisches

George Town, West Bay, Bodden Town, Camana Bay.

Wahrscheinlich verbringt man die meiste Zeit am Strand, daher sind vor allem Badesachen und luftige Kleidung wichtig. Sonnenbrille und Sonnenhut nicht vergessen!

Hochsaison ist von November bis Mai, wenn es weniger feucht ist. Viele meiden von Juni bis November die Zeit der Wirbelstürme, aber dann ist es preiswerter und nicht so voll. Im Februar ist Kokosnuss-Saison und im Juli die beste Zeit für Mangos und Avocados.

$ $ $

# Kaimaninseln

***Die Kaimaninseln punkten nicht nur mit weißen Sandstränden und einer vielfältigen Unterwasserwelt, sondern auch mit einer zunehmend saisonalen und nachhaltigen Esskultur – ein echtes Paradies also für sonnenhungrige Veganer.***

Dieses Insel-Trio am westlichen Rand des Karibischen Meeres entspricht für die meisten Menschen der Vorstellung vom Paradies. Für diejenigen, die Erholung und Entspannung suchen, gibt es palmengesäumte Strände und Luxus-Resorts, für die Abenteuerlustigeren Schnorcheln im warmen Wasser, Tiefseetauchen, fordernde Wassersportarten und rätselhafte Höhlen, die zur Erkundung einladen.

Grand Cayman ist die größte und beliebteste der Inseln, und die Hauptstadt George Town sowie die umliegenden Küstenorte ziehen mit Restaurants und Shops Reisende an.

Und auch wenn in der regionalen Küche Fisch und Meeresfrüchte dominieren, gibt es für Veganer viel zu genießen. Würzige Kokosnuss-*»Ceviche«* und exotische Früchte stehen auf fast allen Speisekarten, und beim Essen auf das ruhige Meer blicken zu können, ist natürlich ein großer Bonus.

Wem der Sinn nach tropischen Erlebnissen steht, der kann aus einer Vielfalt von Attraktionen wählen, von der Erkundung idyllischer Buchten über Schiffswracks und Riffe unter Wasser bis hin zu veganen Rumverkostungen und Green-Spa-Anwendungen.

Gegenüber: Das azurblaue Meer der Kaimaninseln säumen paradiesische Sandstrände. Oben: Sauerteigbrot mit Aufstrichen und Nusskäse gibt es bei Saucha Conscious Living.

**Traumhafte Unterkünfte**

**Cayman Villas**
Für Reisende, die Selbstverpflegung einer All-inclusive-Unterkunft vorziehen, vermietet Cayman Villas Dutzende Anwesen auf Grand Cayman und Cayman Brac. Hier werden alle Wünsche erfüllt, von Reservierungen bei den besten veganfreundlichen Restaurants bis hin zum Buchen privater Köche, die vegane Köstlichkeiten für einen zubereiten. *www.caymanvillas.com*

**Le Soleil d'Or**
Um auf einer der kleineren Inseln abseits des Touristenrummels Urlaub zu machen, ist Le Soleil d'Or auf Cayman Brac genau das Richtige. Villen im mediterranen Stil liegen auf einer acht Hektar großen Farm, die das Resort mit biologisch angebautem Obst und Gemüse versorgt. Angeboten werden unter anderem Verkostungstouren auf der Farm und Spa-Behandlungen sowie Fitnesskurse im Beachclub. *www.lesoleildor.com*

## BESONDERE ERLEBNISSE

**Ein Festmahl kochen**
Saucha Conscious Living organisiert regelmäßig an verschiedenen Orten auf Grand Cayman vegane Kochkurse und vermittelt Privatköche – ideal für Gäste in Selbstversorger-Unterkünften. Auch der Küchen- und Kochutensilien-Shop Bon Vivant in der angesagten Camana Bay veranstaltet Kochdemonstrationen und Workshops, von denen viele veganfreundlich sind. *www.sauchaliving.com/announcements/classes-services; www.bonvivant.ky/events-classes/adult-classes*

**Zum Rum-Experten werden**
Auf Grand Cayman gibt es mehrere Rum-Destillerien, so etwa die Cayman Spirits Co., die Verkostungstouren anbietet. Die in George Town ansässige Firma produziert mehrere veganfreundliche Rumsorten, darunter den Seven Fathoms Premium Rum, der zum Reifen in alten Bourbon-Fässern in 13 Metern Tiefe im karibischen Meer gelagert wird. *www.caymanspirits.com/tours*

**Sich im Spa verwöhnen lassen**
Um mit gutem Gewissen zu entspannen, gibt es auf den Kaimaninseln genügend Spas, die pflanzliche Produkte verwenden. Das Botanika Union im Marriott Grand Cayman verwendet für Massagen und Gesichtsbehandlungen vegane Produkte der Firma Naturopathica. Und auch das No. 11 Spa in George Town ist spezialisiert auf individualisierte, pflanzliche Schönheitsanwendungen und setzt großteils auf regional erzeugte, natürliche Inhaltsstoffe. *www.marriott.com; www.no11spa.com*

Rechts: Auf der Terrasse des Vivo Café &Restaurants in West Bay erlebt man atemberaubende Sonnenuntergänge. Unten: Chocolate-Chip-Pancakes mit Kokos-Vanille-Eiscreme gibt es im Bread and Chocolate Vegan Bistro in George Town.

## LANDESKÜCHE

⋙⟶ Die Küche auf den Kaimaninseln ist sowohl vom Meer als auch von den pikanten Gerichten des benachbarten Jamaika beeinflusst. Viele Restaurants servieren vegane Versionen von traditionellen Gerichten, so etwa Jackfrucht- oder Tofu-Hühnchen oder Kokos-Calamari. Gut sortierte Supermärkte machen die Selbstverpflegung einfach. In George Town führt der Kirk Market eine Reihe tiefgefrorener veganer Gerichte, und am Cricket Ground nahe dem Flughafen gibt es einen Bauernmarkt. In Bodden Town verkauft The Backyard Farmer vor Ort angebaute Gemüse, Früchte, Kräuter und Gewürze. Auf Grand Cayman gibt es auch mehrere veganfreundliche Lieferservices, so etwa Saucha Conscious Living und Green2Go.

## Top-Restaurants

**VIVO, WEST BAY**
In diesem Restaurant auf Grand Cayman genießt man in einem rustikalen, von Kerzen beleuchteten Ambiente und mit Ausblick auf Sonnenuntergänge vegane Gerichte mit erntefrischen Zutaten, wie etwa eine mit Limette beträufelte Kokosnuss-»*Ceviche*« mit einem Topping aus Kokosnuss-Schinken. *www.vivo.ky*

**BREAD AND CHOCOLATE VEGAN BISTRO, GEORGE TOWN**
Hier gibt es innovative und preiswerte Gerichte aus regional produzierten Zutaten. Eine vegane Version des *Jerk Chicken* (eine Spezialität der Inseln) wird in einer »Island Bowl« mit gegrillten Kochbananen und gewürztem Tofu serviert. *www.cafe.ky*

**ISLAND NATURALS CAFE, GRAND CAYMAN**
In diesem veganen Café am Seven Mile Beach bekommt man Essen zum Mitnehmen, so etwa Vollkorn-Wraps. Im Shop werden Bio-Lebensmittel und mehr verkauft. *www.islandnaturals.ky*

## GRÜNER TIPP

Jamaika ist eine weitläufige Insel, und außerhalb der größeren Städte gibt es nicht viele veganfreundliche Läden. Um auf Nummer sicher zu gehen, sollte man bei Ausflügen Snacks mitnehmen.

## Praktisches

Kingston, Montego Bay, Negril, Ocho Rios, Saint Elizabeth.

Für einen Urlaub am Meer reicht leichte Sommerkleidung. Wenn man in den Blue Mountains wandern möchte, sollte man arm- und beinbedeckende Kleidung mithaben, um sich vor Insekten zu schützen.

Auf Jamaika herrscht ein tropisches Klima mit angenehmen Temperaturen und wenig Regen von Dezember bis Mai. In der Wirbelsturmsaison (Juni bis November) ist es preiswerter und es gibt viele regionale Festivals. Für Veganer wichtige Obst- und Gemüsesorten reifen das ganze Jahr über.

$ $

# Jamaika

***Tropische Früchte und die hauptsächlich pflanzenbasierten Gerichte der Rastafari-Kultur machen Jamaika zu einem Traum-Reiseziel für Veganer. Die abwechslungsreiche Küche und die berühmte lockere Einstellung garantieren eine entspannte Auszeit.***

Ehemals der größte Handelsposten in der Karibik, ist Jamaika heute Reiseziel für die, die Sonnenschein und ansteckende Lebensfreude suchen. Auch abseits der großen Resorts hat das Land viel zu bieten und verzaubert sowohl mit seinen Natur-Attraktionen als auch mit seiner Kultur und Gastronomie.

Jamaika ist nicht nur berühmt für seine Reggae-Musik und würzig-scharfe kreolische Küche – es kann auch mit malerischen Felsbuchten punkten, eingerahmt von grünen Regenwäldern und mit großartigen Wasserfällen. Im Hinterland befinden sich auf ehemaligen Plantagen heute Farmen, auf denen duftende Früchte und Gewürze angebaut werden, und in den Blue Mountains gibt es zahlreiche Wanderwege, Felder und Kaffeeplantagen.

Wer sich ein bisschen auskennt, reist als Veganer ohne Probleme auf Jamaika. Die *Ital*-Küche der Rastafari-Kultur ist großteils vegetarisch, und von der Hauptstadt Kingston bis zum Treasure Beach wird veganes Essen serviert. Aber auch Gaststätten auf dem Land passen ihre Gerichte den Bedürfnissen ihrer Gäste an. Und auf Dorfmärkten und an Straßenständen kann man jederzeit frisches, regional angebautes Obst und Gemüse kaufen.

Gegenüber: Frisches Obst ist im Jakes Hotel am Treasure Beach immer verfügbar. Oben: Das paradiesische Blue Hole Ocho Rios.

## Traumhafte Unterkünfte

**Jakes Hotel**
Wer eine Kombination aus Behaglichkeit und Kultur sucht, ist im familienfreundlichen Jakes Hotel am Treasure Beach gut aufgehoben. Es befindet sich im Kreis Saint Elizabeth Parish – einer der größten Farmregionen Jamaikas, in der auch die Rum-Destillerie Appleton Estate und die beeindruckenden Wasserfälle YS Falls liegen. Die Unterkünfte des Hotels sind ökologisch eingerichtet und farbenfroh, das Essen ist biologisch angebaut, und es gibt vegane Kochkurse.
*www.jakeshotel.com*

**Zimbali Culinary Retreats**
Dieses bei Negril am Meer gelegene Feriendomizil verfügt über eines der besten Restaurants auf Jamaika, das Zutaten direkt von der Farm auf den Tisch bringt. Man wohnt in einer der sechs Lodges und kann an gastronomischen Aktivitäten teilnehmen, darunter eine »Rasta Experience«, bei der über offenem Feuer *Ital*-Gerichte zubereitet werden.
*www.zimbaliretreats.com*

## BESONDERE ERLEBNISSE

**Ein Fest für die Sinne**
Der Coronation Market in Kingston ist der größte Markt in der englischsprachigen Karibik und zieht Einheimische und Touristen gleichermaßen an. Die Stände quellen über vor saisonalem Obst und Gemüse, vor reifen Guaven und Avocados, süßem Zuckerrohr und frischem Sauerampfer.

**Ausflug in die Berge**

Ein Ausflug in Jamaikas legendäre Blue Mountains lohnt sich, denn hier kann man auf Wanderwegen in üppiger Natur Wasserfälle, unberührte Landschaften, malerische Dörfer und die Kaffeeplantagen der Insel entdecken. Ein besonderes Erlebnis ist eine veganfreundliche Kaffee-Verkostungs-Tour.
*www.moonjamaica.com/listing/coffee-farm-tours*

**Baden in einer Mineralquelle**
Auf Jamaika gibt es zahlreiche Spas, aber für die natürlichste Erfahrung überhaupt sollte man eine Tour zur Blue-Hole-Mineralquelle in Westmoreland machen. Hier kann man in Wasser baden, das therapeutische Eigenschaften haben soll.
*www.facebook.com/BlueHoleMineralSpringJamaica*

**Die Rastafari-Kultur kennenlernen**
Das Rastafari Indigenous Village am Rand von Montego Bay ist eine friedliche Lebensgemeinschaft, die Besucher willkommen heißt, die etwas über die Philosophie und Kultur der Rastafaris erfahren möchten. Man wird in die Aktivitäten der Bewohner einbezogen, seien es Kunsthandwerk, Musikaufführungen oder die Zubereitung von traditionellen *Ital*-Gerichten.
*www.visitjamaica.com/listing/rastafari-indigenous-village/51; www.rastavillage.com*

## KLEINE SPRACHKUNDE

Die offizielle Sprache auf Jamaika ist Englisch, aber beim Übersetzen können Irrtümer entstehen, da die meisten Jamaikaner Fleisch oder Fisch essen. Um auf Nummer sicher zu gehen, sollte man sagen, dass man *Ital*-Essen möchte (normalerweise pflanzlich) und keine Milchprodukte (»dairy-free«), anstatt nur zu sagen, dass man Veganer ist.

Vorhergehende Doppelseite: Aussicht auf die beliebte Montego Bay. Links: Luftige Unterkunft am Meer im Jakes Hotel.



## LANDESKÜCHE

Stockfisch, gegrilltes Hühnchen und Fleisch-Currys sind Standardgerichte der jamaikanischen Küche, aber es gibt auch vegane Gerichte. Die *Ital*-Küche der Rastafaris verwendet die gleichen Aromen wie die kreolische, dazu häufig Akee-Früchte, Kochbananen, Blattgemüse (für das Eintopfgericht *Callaloo*) sowie Kokosnuss. Einige Restaurants betrachten Fisch allerdings nicht als Fleisch, man muss also gut darauf achten, dass man nichts bekommt, was Fisch- oder Krustentierbrühe enthält. Aber mit Reis und Bohnen, *Bammy* (Maniok-Fladenbrot) und würziger Rote-Bohnen-Suppe ist man als Veganer auf der sicheren Seite, und frisches Obst sowie Gemüse bekommt man auf Märkten und an Straßenständen fast überall.

## Top-Restaurants

### CALABASH ITAL RESTAURANT, OCHO RIOS

Dieses Lokal in Ocho Rios ist Bio-Laden, Saftbar und Restaurant zugleich und der perfekte Ort für ein sättigendes Mittagessen oder um sich mit Bio-Produkten einzudecken. Die herzhaften *Ital*-Gerichte werden als Buffet angeboten, und als Dessert gibt es Soja-Eiscreme.

### MIHUNGRY WHOL'-SOME FOOD, KINGSTON

Wenn man nicht allzu viel Geld ausgeben, aber jamaikanische Küche probieren möchte, ist man im Mihungry Whol'-Some Food an der richtigen Adresse. Das Restaurant im Kingston Market Place serviert preiswerte, gesunde Gerichte mit einem exotischen Kick – zum Beispiel vegane Akee-Pizza und leckere Kochbananen-Pies.
*www.facebook.com/MihungryWholSomeFood*

**GRÜNER TIPP**

Malaiische Köche verwenden in vielen vegetarischen Gerichten häufig eine fermentierte Garnelenpaste, die hier *Belacan* heißt. Am besten bittet man darum, diese wegzulassen.

Praktisches

Kuala Lumpur, Penang, Melaka, Kota Kinabalu.

Kleidung für heiße Tage ist ein Muss, aber im Hochland und den Bergen wird es auch kühl. Die Kleidung ist hier eher einfach, vor allem in ländlichen Gegenden. Frauen brauchen für den Besuch von Tempeln und Moscheen ein Kopftuch.

Im größten Teil Malaysias ist es das ganze Jahr über heiß. Von März bis August ist es in großen Teilen des Landes relativ trocken, der Monsun beginnt auf der Halbinsel im September.

$

# Malaysia

***Malaysia wird als Reiseziel angesichts seiner bekannteren Nachbarn oft übersehen. Dabei punkten hier kosmopolitische Küstenstädte mit kultureller und kulinarischer Vielfalt, und die von Dschungel überbordende Landschaft ist ebenso abwechslungsreich.***

Malaysia war »multikulturell«, schon Jahrhunderte bevor dieses Wort existierte. Indigene ethnische Gruppen mischten sich mit muslimischen Malaien, Menschen chinesischer und indischer Herkunft, Portugiesen und anderen Europäern. Und so sieht man in den Städten Hindutempel, große Moscheen und christliche Kirchen aus der Kolonialzeit, außerdem hippe Coffee-Shops neben traditionellen chinesischen Teehäusern. Frauen in Business-Kostümen mischen sich unter Schulmädchen in indischen Salwar Kameez und Männer in Sarongs. Entsprechend vielfältig ist auch die Küche – ein aufregendes Nebeneinander von chinesischen, indischen, malaiischen und europäischen Einflüssen. Veganes Essen ist leicht zu finden – auch wegen der vegetarischen Tradition der Hindus und Buddhisten.

Die tropischen Landschaften sind traumhaft schön, wie etwa die Regenwälder von Borneo, die Strände von Langkawi oder die Riffe rund um die Perhentian Islands. Man kann tauchen oder schnorcheln, sonnenbaden, sich in Spa-Resorts verwöhnen lassen oder im Dschungel Vögel und Orang-Utans in ihrem natürlichen Lebensraum beobachten. Nach dem Urlaub wundert man sich, warum Thailand und Bali die ganze Aufmerksamkeit bekommen – aber man ist dankbar für die in Malaysia fehlenden Touristenmassen.

Gegenüber: Eine Teeplantage liegt malerisch in den Cameron Highlands. Oben: In den Bergen kann man wunderbar wandern.

## Traumhafte Unterkünfte

**Borneo Highlands Resort**
Dieses ruhige Öko-Resort mit seinen 40 Zimmern und Hütten scheint im Nebel der waldreichen Penrissen Range zu schweben. Vor einer Wanderung zum Wasserfall, einer Vogelbeobachtungs-Exkursion oder auch einer Massage kann man sich mit vegetarischen Köstlichkeiten stärken.
*borneohighlands.com.my*

**The Danna**
Dieses Luxushotel auf der Insel Langkawi hat ein klassisches, koloniales Ambiente – schwarz-weiß gemusterte Böden, Teakholzmöbel und eine weitläufige Veranda. Viele der angebotenen vegetarischen Speisen sind auch für Veganer geeignet.
*www.thedanna.com/en*

**The Banjaran Hotsprings Retreat**
In diesem Öko-Resort in einem von Regenwald umgebenen Tal kann man in geothermalen Quellen relaxen, in einer Höhle meditieren und beim Gesang der Vögel vegane Mahlzeiten genießen.
*www.thebanjaran.com*

## BESONDERE ERLEBNISSE

**In den Cameron Highlands Erdbeeren pflücken und Tee trinken**
Wer von der Hitze eine Auszeit braucht, reist in die kühlen, nebelverhangenen Cameron Highlands im Zentrum der Malaiischen Halbinsel, wo die Küstenbewohner schon seit fast 100 Jahren Urlaub machen. Man kann Erdbeeren pflücken, Teeplantagen besuchen und durch den Nebelwald wandern.

**Auf Borneo Orang-Utans und Malaienbären helfen**
An der nordöstlichen Küste von Borneo gibt es rund um die Stadt Sandakan mehrere Tierschutzstationen. Im vom Sabah Wildlife Department geführten Sepilok Orangutan Rehabilitation Centre kann man verwaisten Affenkindern beim Spielen zusehen und dann das benachbarte Bornean Sun Bear Conservation Centre besuchen, wo gerettete Bären auf Bäume klettern und in der Sonne relaxen.
*www.orangutan-appeal.org.uk/about-us/sepilok-orangutan-rehabilitation-centre; www.bsbcc.org.my; www.wildlife.sabah.gov.my*

**Einen kulinarischen Bummel durch George Town machen**
Die vielseitige Stadt George Town auf der Insel Penang ist Malaysias kulinarische Hauptstadt. Einige Imbisse mit Straßenverkauf und Stände servieren hier köstlichste Gerichte wie Gemüse-Currys, *Summer Rolls* und Wokgemüse wie *Kangkong* (Wasserspinat). Als Dessert gibt es erfrischendes *Ais Kacang*, ein geraspeltes »Bohneneis« mit Basilikumsamen und verschiedenen Sirupen (als Veganer sollte man allerdings explizit nach einer Variante ohne Kondensmilch fragen).

## KLEINE SPRACHKUNDE

Für »Ich bin Veganer. Ich esse kein Fleisch, keine Fische und keine Meeresfrüchte einschließlich aller Milchprodukte, Eier und Honig« sagt man: »Saya seorang vegan. Saya tidak makan daging, haiwan ternakan, ikan atau makanan laut serta sebarang produk haiwan termasuk semua jenis produk tenusu, telur dan madu«.

Links: Köstliche Pilz-Satay-Spieße im Pinxin Vegan Cuisine in George Town auf Penang.

## LANDESKÜCHE

In der malaysischen Küche mischen sich Essgewohnheiten aus ganz Asien und darüber hinaus. Für Veganer bieten indische Restaurants oft die besten Optionen – so etwa mit Gemüse gefüllte *Dosas* oder pflanzenbasierte Currys. Auch in der chinesisch-buddhistischen Küche bekommt man oft Veganes. Malaysisches Essen ist eher fleischlastig, aber man kann bei Spezialitäten wie *Nasi campur* um Reis mit Gemüsebeilage bitten. In Sachen Desserts sind *Kuih* (bunte Reismehlküchlein) und auch *Cendol* (geraspeltes Eis mit grünen *Pandan*-Nudeln, Kokosmilch und Palmzucker) meist vegan – allerdings muss man hierbei auf die oft enthaltene Kondensmilch achten.

## Top-Restaurants

**DHARMA REALM BUDDHIST ASSOCIATION, KUALA LUMPUR**
In dieser Klosteranlage mit Garten kann man einen Lotusteich und einen goldenen Buddha bewundern, bevor man in der geräumigen Cafeteria am Buffet veganes chinesisches Essen genießt – auf Platten aufgehäufte gedämpfte Nudeln, dampfgegarte Brötchen, Klöße und frisches Obst für wenig Geld.

**PINXIN VEGAN CUISINE, PENANG**
Dieses Restaurant in einem eleganten alten Wohnhaus in George Town serviert vegane Varianten malaysischer Klassiker wie würzige *Asam laksa* (Suppe) oder *Nasi lemak* (Kokosreis mit Beilagen).
*www.pinxinvegan.com*

**BEAR GARDEN, KUCHING**
Alle Snacks an der Bar sind vegan, im Garten hinterm Haus weht eine leichte Brise, und die Hälfte der Einnahmen geht an Einrichtungen zum Tier- und Naturschutz. Was könnte man sich mehr von einem Pub wünschen?

# ROADTRIPS

## GRÜNER TIPP

Gut für die Verdauung: Zwischen dem Verzehr oft stark verarbeiteter, veganer Leckereien ab und zu mal in Rohkost-Cafés einkehren. Gute Adresse für die Recherche: Instagram #vegandeutschland.

## Praktisches

Wer umweltbewusst reisen möchte, mietet sich ein Elektroauto oder nimmt Bus, Bahn oder Fahrrad.

Je nach Destination und Jahreszeit sollte man Wanderstiefel für die Alpen, Dirndl und Lederhose für das Oktoberfest und etwas Trendiges für die Berliner Clubszene mitnehmen.

Der Sommer bietet sich für Wanderungen in den Alpen an, für eine Biergartentour oder einen Besuch des Veganen Sommerfestes in Berlin. Ende September findet in München das legendäre Oktoberfest statt und im Winter eröffnen viele Adventsmärkte (so etwa in Salzburg und in Nürnberg) ihre Stände. Zudem laden diverse Skiorte zu sportlichen Aktivitäten ein.

$ $

# Deutschland & Österreich

***Warum in die Ferne schweifen, wenn es auch in der Nähe so viele spannende Ausflugsziele gibt? Mit Auto, Bus, Bahn, Fahrrad oder auf Schusters Rappen geht es vorbei an alten Burgen, durch malerische Dörfer und pulsierende Städte.***

Durch Deutschland und Österreich zu fahren ist aufregend – von alpinen Serpentinen und malerischen Bergdörfern bis hin zu quirligen, veganfreundlichen Städten findet man hier alles, was das Herz begehrt. In Berlin locken ein veganes Sommerfest und zahlreiche hippe Rohkost-Cafés, in denen man zu knackigen Salaten die neuesten Techno-Beats genießen kann. Etwa 200 Kilometer weiter südlich liegt Dresden, gekrönt von der beeindruckenden, wiederaufgebauten Frauenkirche, vor der man sich an veganen Würstchenbuden stärken kann. In München erwarten einen dann Biergärten mit Maßkrügen voll veganem »Gerstensaft«, und anschließend bilden die Alpen eine atemberaubende Kulisse für eine Fahrt in die »Mozartkugelstadt« Salzburg, wo man mit der Festungsbahn zur Hohensalzburg hinauffahren und danach in veganen Cafés und Restaurants einkehren kann.

Etwa 200 Kilometer weiter östlich lohnt ein Zwischenstopp im Stift Melk, einer Benediktinerabtei im Barockstil an der Donau. Von hier aus ist es dann nur noch ein Katzensprung ins elegante Wien mit seiner kaiserlichen Vergangenheit, wo man vegane Schnitzel und Rohkostkuchen bekommt – ein wundervoller Abschluss dieser Reise.

Vorhergehende Doppelseite: Die Kalksteinfelsen Twelve Apostles in Australien. Gegenüber: Ein Tag in der Sonne auf Berlins Badeschiff auf der Spree. Oben: Die Filialen von Swing Kitchen servieren ausgezeichnete vegane Burger.

## Traumhafte Unterkünfte

**Hotel Flachauerhof**
Dieses moderne Bio-Hotel im österreichischen Flachau serviert erstklassige Frühstücks-Optionen und Kuchen, die vor Superfood nur so strotzen. Flachau liegt zwischen Salzburg und Wien in einem der größten Skigebiete Österreichs, ist aber im Sommer genauso lohnenswert, wenn aus den Pisten mit Blumen gesäumte Bergwiesen werden. Die Lage des Hotels erfordert eine längere, aber landschaftlich reizvolle Anreise.
*www.hotelflachau.at*

**Almodóvar Hotel Berlin**
Biologisch-organisch sowohl in seinen Grundsätzen als auch in seiner Ästhetik, verfügt dieses schicke Hotel in Berlins Szenebezirk Friedrichshain über ein vegetarisches Restaurant, das immer auch Optionen für Veganer hat. Hier kann man ein Frühstück mit Tofu-Rührei und danach die Sauna auf dem Dach genießen.
*www.almodovarhotel.de*

## BESONDERE ERLEBNISSE

**Über Weihnachtsmärkte schlendern**
In der Vorweihnachtszeit gibt es in vielen Orten in Deutschland und Österreich Adventsmärkte. Der Duft von Glühwein liegt in der Luft, und an den Ständen werden geröstete Esskastanien, gebratene Schupfnudeln und vieles mehr angeboten. Veganfreundliches Essen ist in kleineren Städten manchmal nicht leicht zu finden, und Glühwein kann Honig enthalten, daher sollte man gezielt nachfragen. In Berlin ist der Green Market eine schöne Option für Veganer, mit pflanzenbasierten Kuchen und wärmenden Köstlichkeiten wie Rösti. In Wien bekommt man auf dem Advent Genussmarkt bei der Oper veganfreundliche gebrannte Mandeln, mit Nüssen gefüllte Bratäpfel und ab und zu auch pflanzenbasiertes Paleo-Gebäck.
*www.greenmarketberlin.com; www.adventgenussmarkt.at*

**Einen veganen Spaziergang machen**
In Berlin ist die pflanzenbasierte kulinarische Szene so über die Stadt verteilt, dass es in den verschiedenen Bezirken jeweils eigene Touren gibt. Vegan Food Tours führt einen durch das kultige Friedrichshain, das multikulturelle Neukölln oder – wenn man nicht so viel Zeit hat – auf einer kürzeren Tour durch Berlin Mitte mit Snack-Zwischenstopps.
*www.vegantoursberlin.com*

**Seine Backkenntnisse verfeinern**
In seinen zwei Läden in Berlin vertreiben Goldhahn und Sampson Kochbücher sowie Lebensmittel und veranstalten Kochworkshops, darunter vegane Backkurse. Einige andere Kurse können für Veganer angepasst werden. *www.goldhahnundsampson.de*

Links: In der Swing Kitchen in der Rosenthalerstraße, einer von zwei Filialen in Berlin, gibt es leckere vegane Burger.

## LANDESKÜCHE

In vielen deutschen und österreichischen Städten müssen vegane Reisende nicht auf Würstel und Schnitzel verzichten. In Dresden gibt es vegane Currywurst bei den Ständen von Curry & Co. In Wien und Berlin servieren diverse Filialen von Swing Kitchen vegane Burger und Schnitzel-Sandwiches. Sauerkraut und seine kalte Version Krautsalat sind meist vegan, man sollte aber sicherstellen, dass kein Speck enthalten ist. *Gröstl* kann auch vegan zubereitet werden, allerdings haben viele Imbissbuden nur vorgefertigte Mischungen inklusive Speck. Zwar werden einige Biere in Europa mit tierischen Klärmitteln produziert, doch in Deutschland und Österreich wird auf die »Reinheit« des Bieres geachtet – hier gibt es also viele vegane Biersorten.

## Top-Restaurants

**PÊLE-MÊLE, BERLIN**
Suppen, Tomaten-Tofu-Ciabatta und Dinkel-Burger stehen unter anderem auf der veganen Speisekarte des Pêle-Mêle, ebenso Bio-Bier und Kaffee mit Hafermilch. Für den Sonntagsbrunch sollte man auf jeden Fall Plätze reservieren. *www.pele-mele-berlin.de/cafe*

**GUSTAV, SALZBURG**
Dieses fröhliche vegane Café serviert ausgezeichnete Sandwiches, Suppen sowie Kaffee und Kuchen. Es lohnt ein Besuch, um mit Früchten beladenen French Toast oder Kurkuma-Latte und Schokoladenkuchen zu schlemmen. *www.gusta-v.at*

**SIMPLY RAW, WIEN**
Dieses kleine Café, nur fünf Gehminuten vom Stephansdom entfernt, serviert vegane Torten, Waffeln, Eisbecher und Cupcakes. *www.simplyrawbakery.at*

## GRÜNER TIPP

Im Cruelty Free Shop kann man sich mit vielen veganen Produkten versorgen, von Hygieneartikeln bis hin zu Snacks. Filialen gibt es in den Zentren von Melbourne, Sydney, Brisbane und Canberra.

## Praktisches

Melbourne, Sydney.

Je weiter nördlich man in Australien reist, umso feuchter wird es. In Melbourne wird es im Sommer bis zu 40 °C heiß, im Winter sinkt die Temperatur oft unter 10 °C. Also auch etwas Warmes einpacken.

Diese Inselnation profitiert das ganze Jahr über von einer Fülle an frischem Obst und Gemüse – was gerade Saison hat, sieht man auf jedem Bauernmarkt. Einen Besuch plant man am besten für die Zeit, in der das Wetter zu Outdoor-Aktivitäten einlädt, nämlich von September bis Februar.

$ $ $

# Australiens Ostküste

***An der östlichen Küste Australiens gibt es ausgezeichneten Kaffee, Weltklasse-Restaurants und bestes Obst und Gemüse – dies ist ein ultimatives Reiseziel für vegane kulinarische Entdeckungen.***

Ob man von Stadt zu Stadt fliegt oder mit dem Auto fährt, veganfreundliche Gemeinden findet man an Australiens Ostküste überall. Man kann durch Melbournes mit Street-Art geschmückte Gassen bummeln, Sydneys Opernhaus bewundern, sich am Strand von Queensland sonnen oder sich in einer Weinregion durch edle Tropfen kosten – man findet neben zahlreichen Aktivitäten immer vegane Leckereien, wie etwa in Melbourne »Eggs« on Toast in der Matcha Mylkbar oder in Sydney *Charcoal Bucatini* bei Mark + Vinny's Spaghetti + Spritz.

Collingwood und Fitzroy, Melbournes angesagte Vororte, führen die australische vegane Gastro-Szene an. In der Smith Street und der Brunswick Street wimmelt es von veganen Restaurants und Fast-Food-Lokalen. Und in vielen großen und kleineren Städten in New South Wales und Queensland haben auf Gesundheit und Nachhaltigkeit setzende Bewegungen zur Entstehung neuer Anlaufpunkte und Retreats geführt, während mancherorts, wie im entspannten Künstlerort Byron Bay an der Küste, vegane Ernährung schon seit Jahrzehnten angesagt ist.

Wohin man auch reist, Australiens Ostküste ist ein regelrechtes Eldorado für Veganer.

**Gegenüber: Straße entlang der Küste auf Victorias Great Ocean Road. Oben: Ein Ragout aus Rindfleischersatz auf Polenta in Melbournes Smith & Daughters.**

## Traumhafte Unterkünfte

**The Beet Retreat**
In der angesehenen Weinregion Yarra Valley befindet sich dieses B&B in einem wunderschönen, acht Hektar großen Anwesen, das auch ein Gnadenhof für gerettete Tiere ist. Es werden Kochkurse, geführte Buschwanderungen und gemeinsame vegane Mahlzeiten angeboten. Man kann auch ein 3-Tage-Paket mit Unterkunft, Verpflegung und Aktivitäten buchen. Das Retreat plant einen baldigen Umzug nach Queensland.
*www.thebeetretreat.com.au*

**Back 2 Earth**
Dieses auf Nachhaltigkeit setzende Retreat befindet sich auf einer Farm in Berry, New South Wales, die auch eine Zufluchtsstätte für etwa 70 heimatlose und gerettete Tiere ist. Gäste können vegane Rohkost-Kurse und Massagen buchen.
*www.back2earth.net.au*

## BESONDERE ERLEBNISSE

**Australiens erste vegane Markthalle durchstöbern**
In der Markthalle The Love Child in Miami an der Gold Coast in Queensland gibt es tierleidfreie Mode, Livemusik, Yogakurse und coole pflanzenbasierte Lokale, darunter einen Burger-Laden, eine Pizzeria und einen veganen *Ramen*-Imbiss.
*www.facebook.com/TheLovechild*

**Einen veganen »Afternoon Tea« genießen**
Das 2018 eröffnete trendige Ovolo Hotel in Sydneys Vorort Woolloomooloo bietet in seinem veganen Restaurant Alibi Bar einen »Afternoon Tea« an. Süße und herzhafte Köstlichkeiten werden auf stylishen Metallständern serviert, und man hat die Auswahl aus einem Dutzend Bio-Tees der Marke Rabbit Hole, darunter einer, dessen Farbe sich bei der Zugabe von Zitronensaft von Blau zu Purpur ändert.
*www.alibibar.com.au*

**Auf vegane Schnuppertour gehen**
Vegan For A Day Tours organisiert vegane Stadtführungen durch Melbourne. Besonders geeignet sind diese Touren für diejenigen, die neugierig auf diesen Lebensstil sind.
*www.veganforadaytours.com*

**Vegane Croissants knuspern**
Die vegane Bäckerei Weirdoughs in Melbournes Zentrum verkauft unglaublich köstliche Backwaren. Die leckere »Butter« wird aus Macadamia- und Cashewnüssen sowie Kokosöl gemacht, und der Laden punktet mit kreativen Ideen: Es gibt Croissants in Form von Würfeln, »Einhorn-Donuts«, »*Banh-mi*«-Sandwiches und »*Hummer Rolls*«.
*www.weirdoughs.com.au*

Gegenüber: Vegane Köstlichkeiten probieren mit Vegan For A Day Tours. Links: Macadamia-Tofu mit Radicchio und essbaren Blüten gibt es im Yellow in Sydney.

## LANDESKÜCHE

Die australische Küche wurde von Einwanderern aus zahllosen Ländern beeinflusst. Neben den dem Trend folgenden veganen Restaurants sind viele Gerichte in indischen, äthiopischen und arabischen Lokalen veganfreundlich. In großen Städten gibt es zahlreiche vegane Optionen, von Burger-Buden bis hin zu Läden mit Optionen weit jenseits der schon lange existierenden Veggie-Gerichte. Viele Gourmet-Restaurants integrieren einheimische Pflanzen in ihre Menüs, aber für den wahren Geschmack des indigenen Australiens isst man im Mabu Mabu in Melbourne, das Salate und Saucen anbietet. Und Vegemite, der beliebte australische Brotaufstrich, ist zu 100 Prozent vegan.

## Top-Restaurants

### SMITH & DAUGHTERS, MELBOURNE

Das punkig-lässige Smith & Daughters in der Brunswick Street in Fitzroy, Melbourne, hat eine rein vegane, italienisch inspirierte Speisekarte. Nach Geheimrezeptur werden hier *»Trippa« alla Romana* (Kutteln auf römische Art) zubereitet, die dank Köchin Shannon Martinez verblüffend realistisch aussehen. Sehr gute vegane Sandwiches gibt es im benachbarten Smith & Deli. *www.smithanddaughters.com*

### YELLOW, SYDNEY

Das Yellow, ein Hotspot in Potts Point, Sydney, ist seit 2016 zu 100 Prozent vegetarisch und serviert viele vegane Gerichte. In dem Restaurant mit Terrasse werden auch alte Kulturpflanzensorten verarbeitet, die von regionalen Lieferanten angebaut werden, und die Präsentation der Gerichte ist ein Augenschmaus. *www.yellowsydney.com.au*

## GRÜNER TIPP

Vegane Snacks sollte man sicherheitshalber als Vorrat mitnehmen, aber für Kosmetikprodukte ist hier gut gesorgt: Die Firma Lush betreibt im Vereinigten Königreich mehr als 100 Läden, und 80 Prozent ihrer fein riechenden Produkte sind vegan. https://uk.lush.com

Praktisches

London, Brighton, Bristol (England); Edinburgh, Glasgow (Schottland); Cardiff (Wales); Belfast (Nordirland).

Auf den Britischen Inseln muss man für jedes Wetter gewappnet sein: Schnee im Frühling und Hagel im Sommer etwa. Feste Schuhe für Wanderungen sind empfehlenswert.

Obst und Gemüse gibt es im Vereinigten Königreich reichlich im späten Frühling und im Sommer, daher ist Mai bis September eine gute Reisezeit wegen der frischen Beeren und des Picknick-freundlichen Wetters.

$ $

# Vereinigtes Königreich

*Vor allem die Vielfalt der Erlebnisse zieht vegane Besucher auf die Britischen Inseln. Etwa ein Viertel aller Veganer des Landes lebt in London, aber auch im übrigen Großbritannien wird man als Veganer willkommen geheißen.*

Den Ruf der britischen Küche als konservativ fleischlastig mit maximal drei verschiedenen Gemüsesorten kann man getrost vergessen. Das Vereinigte Königreich ist heute ein dynamisches, multikulturelles Land mit zahlreichen künstlerischen und kulturellen Traditionen, aber auch kreativen Neuerungen.

Selbst einheimische Veganer staunen über die Selbstverständlichkeit, mit der veganes Essen mittlerweile als Option in vielen Gaststätten und Pubs angeboten wird – und das nicht nur in den Hauptstädten London, Edinburgh, Cardiff und Belfast, wo neue vegane Cafés und Lokale geradezu aus dem Boden schießen, sondern im ganzen Land. In einem traditionellen Pub in Bristol bekommt man ein veganes Menü, in Brighton kann man am Meer »Fish« and Chips schnabulieren, in Cornwall ein veganes Kostüm- und Kunst-Festival besuchen, in Leicester veganes Eis schlecken und in Sheffield in einem veganen Katzen-Café entspannen. Selbstversorger finden in jedem größeren Supermarkt vegane Abteilungen und unterwegs immer mehr vegane Imbissketten.

Gegenüber: Entspannen auf einem Liegestuhl in Brighton, einer veganen Top-Adresse. Oben: Gelbe Bete Dauphinois im Gauthier Soho in London.

Traumhafte Unterkünfte

**Hilton London Bankside**
In diesem Hotel gibt es die erste vegane Hotelsuite, erarbeitet in Zusammenarbeit mit der Vegan Society. Alle Materialien sind zu 100 Prozent vegan.
*www.vegansociety.com*

**The Cosy Vegan B&B**
Dieses Bed & Breakfast in der schottischen Council Area Fife ist tatsächlich sehr gemütlich und heißt auch Gäste mit Hunden willkommen.
*www.thecosyvegan.co.uk*

**Ambleside Manor**
Dieses prächtige Landhaus im Lake District steht auf einem 5000 Quadratmeter großen Anwesen und ist mit luxuriösen Zimmern ausgestattet. Das Essen ist hier vegetarisch, man serviert aber auch veganes Frühstück.
*www.ambleside-manor.co.uk*

**The Old Rectory**
Ein in der Schweiz ausgebildeter Koch ist Miteigentümer dieses Gästehauses in Belfast.
*www.anoldrectory.co.uk*

## BESONDERE ERLEBNISSE

**Im New Forest Leckerbissen kreieren**
Eine Bio-Farm in Hampshires wunderschönem New Forest bietet vegane Kochkurse an. Neben kreativem Umgang mit den Zutaten liegt die Betonung auf der Technik der Zubereitung. Es gibt drei- oder vierstündige Kurse, von Back-Workshops bis hin zum Kochen chinesischer Klassiker!
*www.offbeetfood.com*

**In einem veganen Retreat entspannen**
Neal's Yard Holidays ist spezialisiert auf ganzheitliche, vegane Retreats an verschiedenen Standorten im Vereinigten Königreich. Man kann rein auf die Ernährung setzen oder auch Yoga- und Achtsamkeitsübungen buchen.
*www.nealsyardholidays.com/Activity/view/vegan-retreats-uk*

**Den inneren Koch inspirieren**
Mal selbst (veganen) Käse herstellen? Oder Fleisch und Wurst? Streetfood? Beetroot Sauvage in Edinburgh bietet eine überraschende Vielfalt veganer Kochkurse für neugierige Hobby-Köche an.
*www.beetrootsauvage.co.uk/cookery-workshop*

**In Wales zur Ruhe kommen**
Das Cosy Farmhouse Retreat Penmeiddyn liegt am Rande des Pembrokeshire Coast National Park in Wales. Es verfügt über fünf Zimmer und ist der ultimative Zufluchtsort, um innere Ruhe zu finden. Die Küche ist vegan und biologisch, und man hat die Wahl zwischen verschiedenen Kunst-Workshops und Meditationen.
*www.facebook.com/penmeiddyn.retreats/*

Vorhergehende Doppelseite: Abenddämmerung über Bristols Clifton Suspension Bridge. Links und unten: Das Hilton London Bankside hat eine Suite, in der die Einrichtung komplett vegan ist.

## LANDESKÜCHE

Wer auf Reisen gerne die Küche der Einheimischen kennenlernt, hat es in Großbritannien als Veganer vergleichsweise leicht. Traditionelle und gleichzeitig vegane Aufstriche sind etwa Marmite und Konfitüre. Die Real Lancashire Black Pudding Company führt vegane »Blutwurst«, man kann einen Haferflockenkeks von Hobnob zum Tee knuspern und Chips genießen (die Marke Walkers hat mehrere vegane Geschmacksrichtungen im Sortiment, darunter sogar »Wurst und braune Sauce«). Im Pub bekommt man oft veganen Cider wie von Westons, Thatchers, Aspall, Merrydown und Brothers. Auch das gute alte Guinness ist vegan. Und die größeren Supermärkte kennzeichnen ihre veganen Weine.

## Top-Restaurants

**GAUTHIER SOHO, LONDON, ENGLAND**
Alexis Gauthier, Küchenchef dieses von Michelin ausgezeichneten Restaurants in London, wurde 2015 Veganer und wandelte sein vegetarisches Degustationsmenü in ein veganes um. Seitdem gehört es fest zur Speisekarte. *www.gauthiersoho.co.uk*

**387 ORMEAU ROAD, BELFAST, NORDIRLAND**
Das vegane Café serviert köstliche Gerichte, von Frühstücks-Burritos bis zu Hotdogs. Es hat täglich geöffnet und beherbergt auch einen kleinen Lebensmittelladen. *www.facebook.com/387ormeauroad*

**VOLTAIRE, BANGOR, WALES**
In diesem veganen Restaurant in der Garth Road 25 kann man ein reichhaltiges Menü genießen, das einige innovative Wahlmöglichkeiten bereithält (Chicken Wings aus Blumenkohl beispielsweise).

## GRÜNER TIPP

Für Snacks unterwegs halten alle Bio-Läden an der Westküste und Ketten wie Whole Foods und Trader Joe's eine große Auswahl an veganen Optionen bereit.

Praktisches

Seattle, Portland, San Francisco Bay Area, Los Angeles.

Man braucht Warmes und Regensachen für den kühlen und regnerischen Pazifischen Nordwesten, Wandersachen für die Nationalparks und Badesachen für die Strände Südkaliforniens.

Der Pazifische Nordwesten ist sehr viel angenehmer im Sommer, genau wie Nordkalifornien. Dann gibt es hier auch das beste Obst und Gemüse und gut bestückte Bauernmärkte. In Südkalifornien herrscht meist das ganze Jahr über ein mildes Klima.

$ $ $

# Westküste der USA

*Von den quirligen Straßen Seattles über die atemberaubenden Küstenstraßen des Highway One bis zu den Autobahnen von Los Angeles – die Westküste ist wie gemacht für Roadtrips. Und wo man auch anhält, gibt es hier mit das beste vegane Essen der Welt.*

Die Westküste ist zwar der geografische Rand Amerikas, doch kulturell ist sie eher sein Zentrum. Die coolsten Trends entstanden hier und verbreiteten sich dann in Richtung Osten: die Hippie-Bewegung, der Grunge Rock, die Kaffeeröster-Kultur. Das hier existierende Gesundheits- und Umweltbewusstsein ist auch Grundlage für eine ausgeprägte und hervorragende vegane Küche.

Ein Roadtrip von Südkalifornien bis in den Bundesstaat Washington (oder umgekehrt) führt durch einige der großartigsten Landschaften der USA und zu erstklassigen veganen Restaurants. Hier kann man »Fisch«-Tacos am Strand von San Diego genießen, bevor man mit Sand zwischen den Zehen ins Auto steigt. Man fährt nach Los Angeles, um nach Promis Ausschau zu halten, während man veganes Sushi isst. Weiter geht es auf dem Highway One die Pazifikküste entlang, während man in kleinen Hippie-Dörfern vegane Bowls und Smoothies genießt. In San Francisco isst man beim veganen Vietnamesen, dann fährt man weiter nach Oregon und nach Portland, wo man veganes Barbecue schlemmt sowie Indie-Buchläden und Musikclubs besucht. In Seattle beendet man den Trip mit drei Kugeln veganer Eiscreme.

Gegenüber: Sandbuchten säumen Kaliforniens Küstenstreifen Big Sur. Oben: Yoga mit Aussicht bei Santa Barbara.

## Traumhafte Unterkünfte

**The Stanford Inn by the Sea Eco-Resort**
Dieses rustikal-luxuriöse Resort (Bild) liegt auf einem Hügel über der Mendocino Bay. Man kann auf dem Big River Kanu fahren, sich massieren lassen und im veganen Restaurant dinieren. Der Koch bietet auch Workshops an, man kann also etwa lernen, wie man Seepalmen-Strudel zubereitet. *www.stanfordinn.com*

**Velo Bed and Breakfast**
Dieses gemütliche kleine B&B an der Interstate 5 in der Universitätsstadt Eugene, Oregon, liegt auf einem bewaldeten Gelände und bietet veganes und vegetarisches Frühstück an. Die Pension ist beliebt bei Radfahrern und Touristen, die die nahe gelegenen Weingüter besuchen. *www.velobandb.com*

## BESONDERE ERLEBNISSE

**Eine vegane Donut-Tour unternehmen**
Gibt es einen besseren Roadtrip-Snack als einen Donut? An der Westküste finden sich so viele vegane und veganfreundliche Donut-Bäckereien, dass man jedes Mal, wenn der Magen knurrt, an einer anderen anhalten kann. Als Auftakt bietet sich ein Schoko-Donut in der Donut Farm in L. A. an und zum Ausklang ein Apfel-Donut im Mighty-O donuts in Seattle. *www.vegandonut.farm; www.mightyo.com*

**Im Tassajara Zen Mountain Center entspannen**
Im Sommer öffnet dieses legendäre kalifornische Zen-Zentrum seine Tore für Besucher, die dort meditieren, in Wasserbecken im japanischen Stil baden und vegetarische Küche mit vielen veganen Optionen genießen. *www.sfzc.org/tassajara*

**In einer veganen Weinkellerei Pinot verkosten**
Von der kalifornischen Hafenstadt Napa über das Willamette Valley in Oregon bis zum Südosten von Washington befinden sich an der Westküste einige von Amerikas besten Weinanbaugebieten. Man sollte also vorher absprechen, wer am Steuer sitzt! Immer mehr Weinkellereien produzieren Weine ohne tierische Klärmittel. Die Webseite *www.barnivore.com/wine* hilft, vegane Weine zu finden.

**Am Samstag über Portlands Markt bummeln**
Portlands riesiger Bauernmarkt am Samstagvormittag ist eine Freude für jeden Veganer. An den Ständen häufen sich Delikatessen wie Haselnüsse aus dem Willamette Valley, Bio-Brombeeren und wild geerntete Brennnesseln oder Farntriebe. *www.portlandsaturdaymarket.com*

Links: Portlands vegane Szene ist auf dem weitläufigen Bauernmarkt der Stadt gut vertreten.

## LANDESKÜCHE

Veganes Essen kennt an der Westküste keine Grenzen. Hier bekommt man vegane Versionen von fast allen Küchen der Welt: Thailändisch, Äthiopisch, Kubanisch, Afro-Amerikanisch und mehr. Amerikanische Klassiker, vegan abgewandelt, sind etwa Barbecue-»Fleisch« aus Tempeh oder Seitan, Veggie-Burger mit allem Drum und Dran, Rösti mit Ketchup und vegane Eiscreme. Auch Mexikanisches, wie Burritos und Enchiladas, gefüllt mit Bohnen und Gemüse sind (ohne den Käse) ohnehin vegan, ebenso Pasta mit Tomatensauce, die fast jedes italienische Restaurant serviert. Oder man isst auf gute alte kalifornische »Hippie-Art« knackige Sprossen-Avocado-Sandwiches.

## Top-Restaurants

**CROSSROADS KITCHEN, LOS ANGELES**

Dieses stylishe »Ich-kann-nicht-glauben-dass-es-vegan-ist«-Restaurant ist bei Promis ebenso beliebt wie bei gewöhnlichen Sterblichen. Man isst Lasagne mit Mandel-Ricotta oder gebratenes »Hühnchen« und vegane Waffeln und abends zum Cocktail Maitake-Pilze auf Buffalo-Art oder vegane Burger.
*www.crossroadskitchen.com*

**GRACIAS MADRE, LOS ANGELES/SAN FRANCISCO**

Veganes mexikanisches Essen ist unwiderstehlich. Hier gibt es *Chimichanga* mit Tempeh-Chorizo oder mit Kürbis gefüllte Quesadillas mit Cashew-Creme. Saisonale Produkte kommen von der Bio-Farm des Restaurants.
*www-gracias-madre.com*

**FRANKIE AND JO'S, SEATTLE**

Diese Eisdiele verkauft vegane Eiscreme in Geschmacksrichtungen wie Schokolade-Tahini oder Ingwer-Kurkuma. Es gibt eine Filiale im Viertel Capitol Hill und eine im Stadtteil Ballard.
*www.frankieandjos.com*

# ÜBER DIE AUTOREN

## KAREN CHERNICK

Karen Chernick schreibt über Kunst und Kultur und gibt zu, bei einem neuen Reiseziel zuerst einmal Restaurantplätze zu reservieren und dann erst die Flugtickets zu buchen. Karen ist Vegetarierin, seit sie sieben ist, und mittlerweile Veganerin. Ihre Neugier, was unbekannte Geschmäcker angeht, hat sie auf der ganzen Welt Gerichte probieren lassen – von einem Dinner in einem Hare-Krishna-Tempel in Prag bis hin zu Kochkursen auf einer Bio-Farm außerhalb von Chiang Mai in Thailand. Sie hat gelernt, trotz Abenteuerlust immer Snacks einzupacken, und sie hofft, dass dieses Buch Veganern beim tierleidfreien Reisen helfen wird. Wenn Karen nicht internationale Spezialitäten testet, schreibt sie in ihrer Heimatstadt Tel Aviv für unterschiedlichste Formate, die auf ihrer Webseite *karenchernick.com* aufgelistet sind.

## CATHY BROWN

Cathy Brown lebt mit ihren Kindern hoch in den Anden von Patagonien auf einer kleinen Farm. Dort experimentiert sie mit biologischem Anbau und Heilpflanzen. Ihre Leidenschaft ist, beim Erhalt indigener Kulturen zu helfen, und sie arbeitet eng mit Gemeinschaften im brasilianischen Amazonasgebiet zusammen.

## JEMIMA FORBES

Jemima Forbes ist Vollzeit-Schriftstellerin und Teilzeit-Entdeckerin, die für die verschiedensten Reisepublikationen geschrieben hat. Mit sechs Wochen ist sie zum ersten Mal geflogen, und seitdem war sie an sieben Orten zu Hause, darunter auf den Seychellen und in Shanghai. Jemima lebt zurzeit im Vereinigten Königreich und auf den Kaimaninseln.

## DINAH GARDNER

Die Schriftstellerin und Forscherin Dinah Gardner lebt seit 20 Jahren in Ostasien. Ihrer Meinung nach ist Taiwan das bei Weitem freundlichste und wunderbarste Land, in dem sie bisher gelebt hat. Dinah ist auch Autorin für die Lonely-Planet-Reiseführer *Taiwan* und *Taipeh*.

## ANITA ISALSKA

Anita Isalska ist eine britische Reisejournalistin und freie Redakteurin mit Wohnsitz in Kalifornien. Ihre Spezialgebiete sind Zentral- und Osteuropa, abgelegene Reiseziele und Gourmet-Reisen – mit besonderer Berücksichtigung vegetarischer, veganer oder glutenfreier Ernährung. Mehr Infos über sie auf *www.anitaisalska*.com.

## SOFIA LEVIN

Die erfahrene Reisende und Food-Journalistin Sofia Levin ist überzeugt davon, dass essen in fremden Ländern die beste Art ist, deren Kultur kennenzulernen. Sie lebt in Melbourne und schreibt für Zeitungen sowie Reisemagazine, darüber hinaus ist sie Mitautorin internationaler Reiseführer. Mehr zu ihren kulinarischen Abenteuern auf *#EatCuriously* auf Instagram: *@sofiaklevin*

## EMILY MATCHAR

Emily Matchar schreibt über Kulinarik, Reisen, Kultur, Wissenschaft und mehr für Zeitschriften und Zeitungen wie die *New York Times*, die *Washington Post*, das *Smithsonian* und das *Outside* und hat an vielen Lonely-Planet-Büchern mitgearbeitet. Sie lebt mit ihrer Familie in Hongkong und in Pittsboro, North Carolina.

## ISABELLA NOBLE

Isabella Noble ist auf dem Papier Australierin, aber im Herzen Spanierin. Die Reisejournalistin ist Spanien-Spezialistin, schreibt aber auch über Indien, Thailand, das Vereinigte Königreich, für Lonely Planet und andere Publikationen. Sie ist schon ihr ganzes Leben lang Vegetarierin und sucht eifrig nach pflanzenbasierten Köstlichkeiten in aller Welt. Mehr über sie auf Twitter und Instagram: *@isabellamnoble.*

## KARYN NOBLE

Karyn Noble ist eine preisgekrönte freiberufliche Autorin, Gastroexpertin und Restaurantkritikerin mit Sitz in London. Sie ernährt sich überwiegend flexibel und schätzt die gesundheitlichen Vorteile pflanzlicher Ernährung. Unter *@MsKarynNoble* kann man ihren Tweets folgen.

## MATT PHILLIPS

Matt Phillips liebt Kulinarik, Sport und Reisen und bemüht sich immer, das Beste von allem zu kombinieren. Bei seinem jüngsten Ausflug joggte er 21 Kilometer Schottlands atemberaubende Moray Coast entlang, bevor er im Bakehouse Cafe in Findhorn mit saftigen, veganen Brownies seine Energiespeicher auffüllte.

## DANIEL ROBINSON

Daniel Robinson schreibt über Südostasien und dessen vegane Küche, seit er 1989 für Lonely Planet erste preisgekrönte Reiseführer zu Vietnam und Kambodscha recherchierte (in Zusammenarbeit mit Co-Autor Tony Wheeler). Seitdem erscheinen seine Texte in Reiseführern, in der *New York Times*, der *Los Angeles Times* und in *National Geographic Traveler.*

## RACHEL SAFMAN

Seit Rachel Safman in den 1980er-Jahren zum ersten Mal ein Reisfeld in Thailand gesehen hat, kehrt sie oft nach Südostasien zurück. Sie lebte und arbeitete mehr als zehn Jahre als Soziologin in der Region, bevor sie Rabbinerin in Connecticut wurde. Sie leitet bis heute in Südostasien koschere Touren.

## CAROLINE VELDHUIS

Caroline Veldhuis ist schon ihr ganzes Leben lang Vegetarierin. Sie begann mit sieben Jahren, eine Rezept-Sammlung zusammenzustellen, und spürt bis heute in Detektivarbeit die leckersten Gerichte, Getränke und Naturschönheiten in aller Welt auf. Sie hat an mehreren Büchern der Lonely-Planet-Reihe *Trade & Reference* mitgewirkt.

Die Originalausgabe mit dem Titel „The Vegan Travel Handbook“ ist im Dezember 2019 im Verlag Lonely Planet Global Limited erschienen.

Fotos © wie angegeben 2019
Cover Gestaltung © Niki Fisher
Art Director: Daniel di Paolo

Deutsche Ausgabe © 2020 Bruckmann Verlag GmbH
Infanteriestraße 11a
80797 München

Verantwortlich: Susanne Caesar, Susanne Döllner
Übersetzung aus dem Englischen: Gabriele Lichtner
Redaktion, Satz und Korrektorat: VerlagsService Dietmar Schmitz GmbH
Umschlagadaption: Marcus Taeschner
Herstellung: Bettina Schippel, Stephanie Schlemmer
Printed in Slovenia by Florjancic

Die Deutsche Nationalbibliothek verzeichnet diese Publikation in der Deutschen Nationalbibliografie; detaillierte bibliografische Daten sind im Internet über *http://dnb.d-nb.de* abrufbar.



ISBN: 978-3-7343-1871-9

★★★★★

Sind Sie mit diesem Titel zufrieden? Dann würden wir uns über ihre Weiterempfehlung freuen. Erzählen Sie es im Freundeskreis, berichten Sie ihrem Buchhändler, oder bewerten Sie beim- Onlinekauf. Und wenn Sie Kritik, Korrekturen, Aktualisierungen haben, freuen wir uns über Ihre Nachricht an Bruckmann Verlag, Postfach 40 02 09, D-08702 München oder per E-Mail an *lektorat@verlagshaus.de*

Unser komplettes Programm finden Sie unter:

www.bruckmann.de

Alle Angaben dieses Werkes wurden vom Autor sorgfältig recherchiert und auf den neuesten Stand gebracht sowie vom Verlag geprüft. Für die Richtigkeit der Angaben kann jedoch keine Haftung übernommen werden, weshalb die Nutzung auf eigene Gefahr erfolgt. Insbesondere bei GPS-Daten können Abweichungen nicht ausgeschlossen werden. Sollte dieses Werk Links auf Webseiten Dritter enthalten, so machen wir uns die Inhalte nicht zu eigen und übernehmen für die Inhalte keine Haftung.

In diesem Buch wird aus Gründen der besseren Lesbarkeit das generische Maskulinum verwendet. Weibliche und anderweitige Geschlechteridentitäten werden dabei ausdrücklich mitgemeint, soweit es für die Aussage erforderlich ist.